Thea Bauriedl

# Leben in Beziehungen

Band 4483

Das Buch

Wir alle leben in und von Beziehungen. Es geht uns besser, wenn unsere Beziehungen besser sind. Thea Bauriedl zeigt, woran persönliche, therapeutische, ökologische und politische Beziehungen „kranken". Probleme, die in Beziehungen auftreten und den Beteiligten das Leben schwer machen, haben damit zu tun, daß die Beziehungspartner es schwer haben, Grenzen zu finden: Ihre eigenen Grenzen sowie die der anderen. Wenn Grenzen nicht gefunden und eingehalten werden können, entsteht kein befriedigender und sicherer Kontakt: Das gilt sowohl für Kinder, für Paare wie auch für die „große" politische Welt. Aus der Unsicherheit über Grenzen können Mißbrauch, Vergewaltigungen und Kriege entstehen. Thea Bauriedl hat eine psychoanalytische Beziehungstheorie entwickelt. Auf dieser Grundlage zeigt sie in diesem Buch, wo die Bedingungen und Möglichkeiten liegen, Beziehungen von Anfang an zu pflegen und sie stetig zu verbessern.

Die Autorin

Thea Bauriedl, Dr. phil, Dipl.-Psych., geb. 1938, Privatdozentin für Klinische Psychologie an der Universität München, Vorsitzende der Akademie für Psychoanalyse und Psychotherapie München, Psychoanalytikerin in eigener Praxis, hat 1986 das Institut für Politische Psychoanalyse München gegründet. Sie hat das Modell der Beziehungsanalyse in die Psychoanalytische Theorie und Praxis eingebracht. Zahlreiche Veröffentlichungen. Bei Herder/Spektrum: Wege aus der Gewalt. Analyse von Beziehungen (4129).

Thea Bauriedl

# Leben in Beziehungen

Von der Notwendigkeit,
Grenzen zu finden

Herder
Freiburg · Basel · Wien

Gedruckt auf umweltfreundlichem, chlorfrei gebleichtem Papier

Originalausgabe

2. Auflage

Alle Rechte vorbehalten – Printed in Germany
© Verlag Herder Freiburg im Breisgau 1996
Satz: Fotosetzerei G. Scheydecker, Freiburg im Breisgau
Druck und Einband: Freiburger Graphische Betriebe 1997
Umschlaggestaltung: Joseph Pölzelbauer
Umschlagbild: © Veronika Bauriedl
Foto Umschlagrückseite: © Barbara Bauriedl
ISBN 3-451-04483-8

# Inhalt

Vorwort .................................... 7

1. Der Mensch lebt in Beziehungen .............. 11
   Wir sind abhängig von den Beziehungen, in denen
   wir leben ................................... 11
   Wie Beziehungsstrukturen entstehen ............ 13
   Entweder du oder ich: Die „grenzenlose" Beziehung .. 16
   Die Orientierung am anderen ................. 21
   Grenzen, die Kontakt möglich machen .......... 27

2. Beziehungen in Familien ..................... 31
   Die „grenzenlose" Paarbeziehung und ihre Folgen ... 31
   Eltern und Kinder: Von der Schwierigkeit,
   erwachsen zu werden ........................ 44
      Die Entwertung des Kind-Seins ............. 44
      Der Glaube an den Fortschritt ............. 48
      Relativierung des Fortschrittsglaubens
      durch Beziehungsanalyse ................. 52
      Anpassung in der Kindheit – Revolution
      in der Adoleszenz ........................ 54
      Wie gehen wir mit unseren Jugendlichen um? ..... 58
   Gewalt zwischen Frauen und Männern in unserer
   Gesellschaft ................................ 63
      Gewalt in Paarbeziehungen ................ 63
      Weibliche und männliche Rollen ............ 65
      Sexuelle Gewalt .......................... 69
      Die zwei Fragen .......................... 71
      Der Ausstieg aus der Gewaltspirale ......... 74
      Der Ausstieg aus dem Zwang der Rollen ........ 78

3. Psychotherapeutische Beziehungen .............. 82
   „Grenzenlose" Beziehungen in der Psychotherapie ... 82
   Psychotherapie – die Fortsetzung der Sucht mit
   anderen Mitteln? ............................. 94
   „Technikfolgenabschätzung" – eine Möglichkeit,
   sich in der Gefahr zu orientieren ................ 102
   Die Suche nach dem „Gegengift" ................ 111

4. „Ökologische" Beziehungen ..................... 119
   Grenzenloses Wachstum oder Wachstum der Grenzen? 119
   Die Lähmung im Geschwindigkeitsrausch ......... 122
   Die innere Kosten-Nutzen-Rechnung des einzelnen ... 130
   Strukturelle Veränderungen in allen Bereichen
   sind nötig .................................. 140
   Demokratische Beziehungsstrukturen als Voraus- ....
   setzung für Veränderung ...................... 144
   Beziehungsethik statt normative Moral ........... 149
   Neue Werte ................................. 152
   Politische Rahmenbedingungen ................. 155

# Vorwort

Dieses Buch ist eine Wanderung durch viele verschiedene Arten von Beziehungen, in denen wir leben, von der Theorie zur Praxis, vom Persönlichen zum Politischen, vom Speziellen zum Allgemeinen.

Im ersten Kapitel habe ich Teile meiner in der Psychoanalyse entwickelten Beziehungstheorie möglichst allgemeinverständlich dargestellt. Dabei habe ich mich bemüht, die psychoanalytische Terminologie weitgehend zu vermeiden. Trotzdem könnte es sein, daß die dargestellten Überlegungen und Perspektiven für einen Außenstehenden nicht so ganz leicht nachvollziehbar sind.

Das ändert sich wahrscheinlich mit dem zweiten Kapitel, in dem ich diese Theorie auf Beziehungen in der Familie angewandt habe. Hier denke ich, daß viele Leserinnen und Leser ihre eigenen Erfahrungen in Beziehungen und die Not der „Grenzenlosigkeit" in meinen grundsätzlichen Überlegungen wiedererkennen können.

Im dritten Kapitel habe ich versucht, Grenzverletzungen in Psychotherapien, ihre Ursachen und Folgen, für eine Leserschaft darzustellen, die sich nicht speziell mit den Theorien und Praktiken verschiedener psychotherapeutischer Schulen und der oft als „Psychotherapie" bezeichneten Praktiken in verschiedenen Sekten oder sektenähnlichen Gruppierungen befaßt haben. Ich bin der Meinung, daß über diese Vorgänge in der Öffentlichkeit zu wenig ernsthaft gesprochen wird, und daß auch wir Psychoanalytiker uns zu dieser schwierigen Problematik im allgemeinen zu wenig kritisch und selbstkritisch äußern. Obwohl immer wieder einzelne spektakuläre Fälle von offensichtlichem therapeutischem Mißbrauch in den Medien dargestellt werden, ist in der Öffentlichkeit kaum ein Bewußtsein dafür vorhanden, daß in allen Abhängigkeitsbeziehungen, nicht nur in der Psychotherapie, Grenzverletzungen sehr häufig vorkommen, und welche Beziehungsdynamik damit verbunden ist. In der Psychotherapie ist die Wiederholung von Grenzverletzungen besonders tragisch, weil es hier aus meiner Sicht gerade darum geht, solche Wiederholungsszenen zu erkennen und an ihrer Veränderung zu arbeiten.

Das letzte Kapitel bringt eine Zusammenschau der „ökologischen" Beziehungen in unserer Gesellschaft. Diesen Begriff habe ich sehr weit gefaßt, um den Zusammenhang unserer gesellschaftlichen und politischen Beziehungsphantasien mit den im engeren Sinn ökologischen Beziehungen zu untersuchen. Für Veränderungen in unserem Umgang mit „der Natur" brauchen wir, so meine ich, veränderte Beziehungsstrukturen in unserer Politik.

Auch wenn Versuche, psychoanalytisches Denken allgemeinverständlich und doch nicht allzu vereinfachend darzustellen und auf die brennenden Fragen unserer Zeit anzuwenden, für die Psychoanalyse nicht gerade typisch sind, halte ich es für sinnvoll und nötig, meine Erkenntnisse und Überlegungen auch öffentlich mitzuteilen und zur Diskussion zu stellen. Sie sind im Umgang mit einzelnen Patienten, mit Paaren, Familien und Gruppen, in der Ausbildung von Psychoanalytikern und in der Arbeit mit politischen Gruppierungen aller Art entstanden.

Da sich dieses Buch nicht in erster Linie an Fachkolleginnen und Fachkollegen wendet, habe ich, abgesehen von wenigen Fußnoten, auf Literaturhinweise verzichtet. In meinem Buch „Auch ohne Couch. Psychoanalyse als Beziehungstheorie und ihre Anwendungen"[1] findet eine ausführliche wissenschaftliche Diskussion statt.

Die hier entwickelte Beziehungstheorie betont einen ganz bestimmten Aspekt der Psychoanalyse, den ich unter der Be-

---

[1] Verlag Internationale Psychoanalyse, Stuttgart 1994.

zeichnung „Beziehungsanalyse" vielfältig beschrieben habe. In ihr geht es darum, nicht nur die inneren Bilder, die jeder Mensch in seinem Leben in bezug auf andere Menschen und auf bestimmte Beziehungssituationen in seinem Leben entwickelt hat, zu untersuchen, sondern gleichzeitig das Ineinandergreifen mehrerer solcher Beziehungsphantasien von verschiedenen Personen zu verstehen, und das sowohl in familiären als auch in psychotherapeutischen und politischen Beziehungen.

Aus der Sicht einer so generellen Beziehungstheorie ist es nicht zu vermeiden, daß sich immer wieder Privates mit Öffentlichem, Persönliches mit Politischem mischt. Das halte ich nicht für eine inadäquate Übertragung von psychoanalytischen Erkenntnissen auf gesellschaftliche und politische Zusammenhänge; (manche Kritiker meinen, Psychoanalyse dürfe sich nur mit dem Unbewußten und mit einzelnen Personen beschäftigen). Es ist vielmehr Ausdruck und Folge der Erkenntnis, daß wir in allen unseren Beziehungen von unseren unbewußten Phantasien abhängen, die in *jeder* Form des zwischenmenschlichen Zusammenlebens ein kollektives Beziehungsgeflecht bilden. Dieses Beziehungsgeflecht beeinflußt die einzelnen Menschen, und jeder einzelne ist in ihm an den Veränderungen oder Nicht-Veränderungen des Ganzen beteiligt.

Solche Zusammenhänge aufzuzeigen, ist Aufgabe und Chance der *„Politischen Psychoanalyse"*, wie ich sie verstehe. Dieser Begriff hat für mich zwei Bedeutungen: Einerseits geht es hier um ein Verständnis der großen und kleinen Politik in unserer Gesellschaft aus einer psychoanalytischen Sicht, andererseits geht es aber auch um die „Politik der Psychoanalyse", das heißt um die Frage, inwiefern die Theorie und Praxis der Psychoanalyse den „Zeitgeist" nur wiedergibt, und inwiefern sie in der Lage ist, die kollektiven Abwehrmechanismen zu transzendieren und kritisch in Frage zu stellen.

Eine sinnvolle Kritik der Gesellschaft ohne selbstkritische Reflexion der eigenen Beteiligung an den kritisierten Phänomenen bleibt ebenso fruchtlos wie eine Psychotherapie, in der der Therapeut nur den Patienten kritisiert und nicht seine eigene

Beteiligung an der gemeinsamen Szene kritisch mit untersucht und verändert.

Bei einigen Passagen in diesem Buch habe ich auf Vorträge zurückgegriffen, die zum Teil schon in verschiedenen Tagungsberichten veröffentlicht wurden. Dabei wurde mir bewußt, wie schnell sich innerhalb von wenigen Jahren unser Bewußtsein ändert. Auch meine eigenen Positionen und Fragestellungen haben sich in den letzten Jahren im Zusammenhang mit der allgemeinen „Beruhigung" und der deutlich erkennbaren kollektiven „Verschiebung nach rechts" gewandelt. Manche akute Aufregung aus den Zeiten der Friedens- und Ökologiebewegung hat sich gelegt; vieles von dem, was damals zuerst einmal in den Formen des demokratischen Protests vorgetragen wurde und vorgetragen werden mußte, ist inzwischen Teil des allgemeinen Bewußtseins geworden.

Jetzt stellt sich die Frage, ob wir uns in einer scheinbar „doch nicht so schlimmen" oder – je nach Interpretation – in einer „aussichtslosen" Situation beruhigt beziehungsweise resigniert zur Ruhe setzen wollen. In meiner kritischen Analyse unserer kollektiven Phantasien möchte ich in diesem Buch vor allem deutlich machen, wie wir derzeit alle gemeinsam, und viele einzelne für sich, nur noch in der Steigerung unserer „Effizienz" die Rettung in der trotz allem voranschreitenden ökologischen, ökonomischen und sozialen Bedrohung suchen. In zunehmender Geschwindigkeit drehen wir uns im Kreis; mit zunehmender Effektivität geraten wir in die Stagnation. Dabei übersehen wir die wirklichen Gefahren und erkennen nicht die rettenden Alternativen. Aus der Sicht meines Fachgebiets versuche ich, in dieser Situation neue Fragen zu stellen und neue Antworten zu finden. Ganz neue Fragen zu stellen, ist für mein Verständnis die einzige Möglichkeit, die allgemeine Stagnation in der ständigen (und eventuell nur beschleunigten) Wiederholung des gleichen aufzulösen.

# 1. Der Mensch lebt in Beziehungen

## Wir sind abhängig von den Beziehungen, in denen wir leben

In der zweiten Hälfte dieses zu Ende gehenden Jahrhunderts ist uns Menschen immer deutlicher bewußt geworden, daß wir mit unserer „Geisteskraft" dabei sind, unsere eigenen Lebensgrundlagen und die unserer Nachkommen zu zerstören. Unser Bild von uns selbst veränderte sich grundlegend: Wir sind nicht mehr die Herrscher der Natur, die sich „die Natur" untertan machen und sie ausbeuten dürfen und sollen. Wir sehen uns vielmehr selbst als einen Teil dieser Natur, abhängig von gesundem Wasser, Boden und Luft und für unser eigenes Überleben abhängig von den Überlebenschancen der übrigen Natur.

Dieses ökologische Denken, das wesentlich darin besteht, daß wir unsere Abhängigkeiten erkennen und beachten, hat wichtige Vorläufer schon im vorigen Jahrhundert, etwa in den Theorien von Charles Darwin, aber auch in den Entdeckungen von Sigmund Freud. Beide Theorien stellten den Menschen wieder zurück an den Platz, an den er gehört, als ein Teil eines sich ständig verändernden ökologischen Systems, abhängig von den Ereignissen in diesem System, aber auch verantwortlich dafür, wie er sich in diesem System verhält.

Am Ende dieses Jahrhunderts sehen wir auch unsere Wahrnehmungsfähigkeit grundsätzlich in Frage gestellt. Der Objektivismus des Industriezeitalters ist im Laufe dieses Jahrhunderts zumindest in den Geisteswissenschaften dem Konstruktivismus gewichen. Wir erkennen jetzt, daß das, was wir „objektiv" wahrzunehmen glauben, nicht die Realität an sich ist, sondern das, was wir wahrnehmen können und müssen. Wir erkennen, daß wir selbst unsere Wahrnehmung und damit auch die wahrgenommene „Welt" aktiv gestalten. Aber diese Gestaltung ist nicht ein Akt selbstherrlicher Verfügung über unsere Umwelt und auch nicht ein Vorgang bloßer Selbsttäuschung; sie ist abhängig von unseren biologisch gegebenen Wahrnehmungs- und Vorstellungsmöglichkeiten, von den Erfahrungen, die wir bisher in unserem Leben gemacht haben und von der Beziehungssituation, in der wir uns jeweils im Hier und Jetzt befinden.

Diese Erkenntnisse machen deutlich, wie sehr unser Erleben und Handeln von den *Beziehungen* abhängt, in denen wir uns in unserem bisherigen Leben befanden und in denen wir uns gegenwärtig befinden. Was wir denken und tun, wird verständlich als Ausdruck unserer Beziehungsphantasien und der Gefühle, die mit diesen Phantasien einhergehen. Eine Folge dieses veränderten Denkens ist es, daß man sich weniger an der Frage orientiert, welcher Mensch oder welches Objekt gut oder schlecht, nützlich oder schädlich ist; vielmehr geht es jetzt um die Frage, in welcher Art von *Beziehung* wir uns mit welchen Menschen und mit welchen anderen „Objekten" befinden. Die Gefühle als primäre Wahrnehmungssignale für Beziehungen bekommen so ihre Bedeutung zurück, die man ihnen in der langen Zeit des rationalistischen Denkens abgesprochen hat. Sie werden nicht mehr als störend angesehen, sondern als wichtige Informationsquellen für Situationen der Gefahr und der Sicherheit.

Freilich leben wir gleichzeitig in einer Welt, in der den Kindern von Beginn ihres Lebens an die *eigenen* Gefühle mehr oder weniger „ausgetrieben" und durch Gefühle der Bezugspersonen ersetzt werden. Diese sich durch die Generationen fortsetzende Schädigung bringt es mit sich, daß wir aufgrund unserer *kollektiven Gefühlsunsicherheit* weitgehend unfähig sind, unsere Lebensbedingungen und die Lebensbedingungen unserer Nachkommen aufrecht zu erhalten. Unsere menschliche „Geisteskraft" hat sich als destruktiv erwiesen, soweit sie getrennt von unseren originären Gefühlen und Lebensbedürfnissen eingesetzt wurde. Am Ende dieses Jahrhunderts stellt sich deshalb die existentielle Frage, ob wir unsere Kräfte zur *Bewältigung* (von Hindernissen) oder zur *Bewahrung* und Fortführung von Lebensprozessen verwenden wollen.

Auch wenn der Unterschied zwischen diesen beiden Möglichkeiten im konkreten Einzelfall nicht groß zu sein scheint, ist es für die Folgen einer Handlung doch entscheidend, aus welcher Motivation sie erfolgt. Wird die Handlung getragen von dem Wunsch, sich *gegen* andere Menschen und deren Interessen durchzusetzen, andere Menschen und auch die uns umgebende Natur zu unterwerfen und auszubeuten, oder steht der Wunsch dahinter, im Konflikt der Lebensinteressen eine gemeinsame Lösung zu finden, die beiden Seiten ein möglichst gutes Zusammenleben sichert? Die Motivation hat etwas mit der *Struktur der Beziehung* zu tun, in der sie entsteht. Deshalb halte ich es für eine große Chance, die Beziehungen zu untersuchen, in denen wir uns jeweils aktuell befinden und in denen wir uns bisher befunden haben.

Die Orientierung an der *erlebten* Beziehung bietet auch einen Ausweg aus der sogenannten postmodernen Beliebigkeit. Unter diesem Begriff wurde in letzter Zeit viel über die Gefahr gesprochen, daß durch den Untergang der bisher gültigen Werte und Normen jetzt die Gefahr der absoluten Willkür des (Überlebens-)Kampfes „jeder gegen jeden" drohe. Wenn wir unsere Abhängigkeiten, auch die Abhängigkeit unserer Wahrnehmung von unseren Beziehungen, anerkennen und untersuchen, finden wir eine neue Orientierung, die sich jetzt nicht mehr an der Frage ausrichtet, ob jemand oder etwas „falsch" oder „richtig" ist, sondern statt dessen an der Frage, wie wir uns *fühlen* in der jeweiligen Beziehung, und was wir tun können und wollen, um diese Beziehung von uns aus so zu gestalten, daß es uns gut geht.

## Wie Beziehungsstrukturen entstehen

Der Begriff der Beziehungsstrukturen ist für meine Theorie von zentraler Bedeutung. Deshalb möchte ich ihn hier erläutern:

*Beziehungsstrukturen sind unbewußte szenische Phantasien,* die die Wahrnehmung und das Verhalten von einzelnen Menschen und von in irgendeinem Zusammenhang stehenden kleinen und großen Gruppen prägen. Solche szenischen Phantasien können zum Beispiel sein: „Wenn ein Konflikt entsteht, ist einer schuld", oder: „In einem Konkurrenzkampf bleibt der übrig, der die anderen am brutalsten unterdrückt ... oder der am klügsten oder am schönsten ist oder der am meisten leidet oder der sich am besten in den anderen einfühlt oder der immer alle versorgt und selbst nichts braucht etc." Natürlich gibt es auch heilsamere Beziehungsphantasien, zum Beispiel diese: „Wenn ein Konflikt entsteht, bemühen wir uns gemeinsam um eine Lösung, mit der wir beide (oder alle) zufrieden sein können."

In jedem Menschen existiert eine große Vielfalt solcher szenischer Phantasien; sie entsprechen seiner persönlichen Geschichte und damit den Konfliktlösungen, die er schon als Kind und dann auch im weiteren Verlauf seines Lebens kennengelernt hat. Zwangsläufig erklärt sich jedes Kind mit den Konfliktlösungsmodellen einverstanden, in denen es lebt; es „lernt" sie von seiner Umgebung. Die Szenen, die es erlebt, finden ihren Niederschlag in seiner „inneren Welt" und bilden so seine *intrapsychische Beziehungsstruktur.* In ähnlichen oder für ähnlich gehaltenen Situationen können diese „Lernergebnisse" später in Form von Vorannahmen und inneren Bereitschaften aktiviert werden.

Wenn zwei oder mehr Menschen in irgendeiner Weise zusammentreffen, entwickeln sich *gemeinsame Szenen,* die durch die szenischen Phantasien beider beziehungsweise aller Beteiligten geprägt sind. Die Konfliktlösungsmodelle der einzelnen verbinden sich zum Beispiel in der Partnerschaft, in der Familie oder in anderen Gruppierungen zu einem gemeinsamen Geflecht von unbewußten Phantasien. Das sind die *interpsychischen Beziehungsstrukturen,* die sich ebenso wie die intrapsychischen Beziehungsstrukturen je nach dem psychischen Zustand der einzelnen und aller an der Beziehung Beteiligten verändern oder auch gleich bleiben. Jeder Mensch überträgt seine szenischen Phantasien in die aktuelle Beziehungssituation; er beeinflußt dabei seine Beziehungspartner und wird selbst von diesen beeinflußt.

Man kann diese Szenen also aus verschiedenen Perspektiven betrachten. Man kann das Erleben und Verhalten jedes Beteiligten als Wiederholung der Szenen verstehen, in die er selbst in seinem bisherigen Leben „hineingewachsen" ist, und man kann es als Ausdruck der Szenen verstehen, die von seiten der Beziehungspartner in die Beziehung eingebracht werden und sich sozusagen über „Ansteckung" in der jeweiligen Beziehungssituation von den einen auf den oder die anderen übertragen.

Die theoretische Möglichkeit, eine Beziehungssituation aus den Perspektiven *aller* Beteiligten – zunächst einmal unabhängig voneinander – wahrzunehmen und zu verstehen, bringt die praktische Möglichkeit mit sich, in Konfliktfällen nicht nach der Schuld suchen zu müssen. Man ist dann frei, aus dem Zusammenspiel mehrerer Szenen die Erlebnis- und Verhaltensweisen jedes einzelnen Beteiligten zu verstehen. Auf diese Weise kann man auch die im Bewußtsein der Beteiligten verloren gegangene Verbindung zwischen dem Erleben und dem Verhalten jedes einzelnen Menschen wiederherstellen. So lösen sich die Schuldzuweisungen auf, die viele Beziehungen belasten und die prinzipiell alle dem Muster folgen: „Mein Verhalten ist die Folge *deines* Verhaltens und nicht die Folge *meiner* Gefühle, Wünsche und Entscheidungen."

Diese Theorie bietet eine wichtige Grundlage nicht nur für die psychoanalytische Paar- und Familientherapie, sondern ebenso für die psychoanalytische Friedens- und Konfliktforschung, für die ökologische Forschung und die Politische Psychoanalyse. Verschiedene Anwendungsmöglichkeiten werde ich in diesem Buch darstellen.

Vor einem häufig auftretenden Mißverständnis möchte ich schon hier warnen: Das beschriebene „Szenische Verstehen" von Beziehungsstrukturen kann und soll nicht dazu dienen, daß Schuld verleugnet wird. Verstehen im hier gemeinten Sinn ist nicht gleichzusetzen mit Einverstanden-Sein. Natürlich werden wir alle immer wieder schuldig; wir verletzen andere Menschen und zerstören Leben oder Lebensmöglichkeiten in unserer Umwelt. Diese Schuld soll nicht verleugnet werden. Für die Erhaltung lebendiger Beziehungen ist es vielmehr nötig, daß der einzelne Verletzungen und Schuld bewußt erlebt und betrauert, was er anderen angetan hat, um sein Verhalten vielleicht ändern zu können. Wenn man den Schmerz nicht fühlen kann, den man verursacht oder erlitten hat, hat man keine Veranlassung, die Wiederholung der Verletzung zu vermeiden.

Eine andere Frage ist es, ob solche Schuld zur Ausstoßung des Schuldigen aus der Gemeinschaft führen muß, oder ob sie als Signal für den einzelnen und für die Gemeinschaft angesehen werden kann, mit destruktiven Prozessen und Beziehungsstrukturen integrierend und verändernd umzugehen.

## Entweder du – oder ich: Die „grenzenlose" Beziehung

Will man Veränderungsmöglichkeiten in destruktiven Beziehungen finden, dann ist es sinnvoll, eine Vorstellung darüber zu entwickeln, wie solche Beziehungen aussehen. Im Lauf meiner praktischen Arbeit und der theoretischen Reflexion unterschiedlicher Beziehungsstrukturen hat sich für mich folgendes Bild für zerstörte und zerstörende Beziehungsstrukturen ergeben:

Solche Beziehungen gleichen in meiner theoretischen Vorstellung zwei (oder mehr) übereinander liegenden Kreisen, die sich mehr oder weniger überdecken. Im Prinzip stellen die beiden Kreise zwei Personen dar, deren Grenzen sich nicht von außen berühren, sondern sich gegenseitig überschneiden. Das Bild macht deutlich, daß an den Stellen der „Überschneidung" nicht klar ist, welche Teile zu welchem Beziehungspartner gehören. Die Grenzen zwischen ihnen sind unklar, sie gehen nicht miteinander um wie zwei psychisch getrennte Wesen, sondern behandeln sich gegenseitig so, als wären sie Teile voneinander. Ängste, Wünsche und Phantasien von Überlegenheit und Unterlegenheit wandern zwischen ihnen hin und her; Sprachlosigkeit, Machtkämpfe, Entwertung, Gewalt, Mißbrauch etc. sind die Folgen der psychischen Ungetrenntheit. Man kämpft darum, wer von beiden „richtig" ist, wer „schuld" ist, wer die Gedanken des anderen (schon wieder nicht) erraten hat. Da der andere sowieso nur ein Teil des einen ist, kann er wie selbstverständlich den Bedürfnissen des einen entsprechend mißbraucht werden. Und er läßt sich mißbrauchen, denn er fühlt in und mit seinem Beziehungspartner und hat dadurch keine Kraft, dem Mißbrauch zu widerstehen. Im Gegenteil, die Verschmelzung der beiden Personen wirkt sich so aus, daß der Mißbrauchte in diesem Vorgang Vorteile für sich selbst sieht – und sei es nur in dem Gefühl, gebraucht zu werden.

Die Grenzüberschreitung ist die Grundform jeder verbalen und nonverbalen Gewalt auf der Ebene der Beziehungen. Menschen, deren Grenzen in ihrem bisherigen Leben, vor allem in der Kindheit, ständig überschritten wurden, neigen dazu, diese Beziehungsstrukturen in ihren späteren Beziehungen zu wiederholen, und zwar als Opfer oder auch als Täter. Beide Rollen haben sich ihnen eingeprägt, zu beiden Rollen haben sie innerlich ja gesagt. Wenn Konflikte drohen oder auch Situationen zwischenmenschlicher Annäherung, phantasieren und gestalten sie die Lösungen, die sie bisher erlebt haben. Alternativen dazu können nur gefunden werden, wenn der Schmerz über den aktiven oder passiven Übergriff wieder oder erstmals erlebt werden kann. Erst dann kann man das innerliche Ja zu diesen Konfliktlösungen revidieren. Mögliche Heilungsprozesse werde ich in dem Kapitel über die therapeutischen Beziehungen beschreiben.

Hier geht es mir vor allem um die Beschreibung der gestörten zwischenmenschlichen Beziehung, um das „Entweder-du-oder-Ich", das sich in anschaulicher Weise aus dem Bild der einander überschneidenden Kreise ergibt. Im Bereich der Überschneidung geht es um die Fragen: „Wer ist wer? Wer ist hier alles, wer ist hier nichts?" Es herrscht der Beziehungsmodus „entweder-oder". Entweder der eine oder der andere darf leben, groß sein, wird geliebt, ist abhängig, ist autonom, ist erfolgreich etc. Und es gilt die Regel: *Was nicht voneinander unterschieden werden kann, schließt sich gegenseitig aus.*

Wenn zwei Menschen teilweise oder ganz „ineinander sitzen", gibt es kein „und" zwischen ihnen. Der „Kontakt" und damit die Bindung zwischen beiden findet nur in Form von Grenzverletzungen statt, nicht an den „Außengrenzen", wo der eine vom anderen unterschieden werden kann und *deshalb* ein Miteinander, auch in Konfliktsituationen möglich ist. Konflikte gehen sehr schnell in Kriege über und „Frieden" bedeutet Harmonie im Sinn von: „Wir sind beide gleich", denn dies ist die einzige Möglichkeit, ohne offenen Kampf miteinander auszukommen. Unterschiede sind nicht angenehm und interessant, sondern bedrohlich.

*Zwei Ängste* sind für diese „grenzenlose" Beziehungsstruktur charakteristisch. Es sind die beiden sozialen Grundängste, von denen wir alle bestimmt werden, soweit wir uns in unseren Beziehungen nicht sicher und geborgen fühlen können: die Angst vor dem Vereinnahmt-Werden und die Angst vor dem Ausgestoßen-Werden. Soweit es sich in der Beziehungsstruktur um psychische „Überschneidungen" zwischen den Personen handelt, sind diese Personen bedroht von Vereinnahmung (Untergang der eigenen Person in der Verschmelzung) einerseits und von Ausstoßung (aus der Gemeinschaft) andererseits. Die beiden Drohungen sind regelmäßig miteinander gekoppelt: „Wenn du nicht so bist oder so sein willst, wie ich (dich haben will), wirst du aus der Gemeinschaft mit mir/uns ausgestoßen". Zumeist wird nur eine der beiden Bedrohungen bewußt erlebt, weshalb der so Bedrohte häufig entweder mit Anklammerung (auf selektiv erlebte Ausstoßung) oder mit Distanzierung und Flucht (auf selektiv erlebte Vereinnahmung) reagiert.

Im Zusammenspiel einer destruktiven Paarbeziehung ist häufig zu erkennen, daß der/die eine dann die Angst vor Vereinnahmung erlebt, wenn der/die andere unter der Angst vor dem Verlassen-Werden leidet. Daß dieses „Spiel" einen *Austausch* von Ängsten und Wünschen darstellt, wird häufig erst bewußt, wenn man sich wieder zusammensetzen kann und das jeweils eigene Verhalten auf die *eigenen* Gefühle zurückführen kann, nicht mehr nur auf das Verhalten des/der anderen.

Alle diese oft so schmerzlichen und ängstigenden Beziehungssituationen haben mit *psychischen Zuständen* zu tun, mit dem Zustand der jeweils aktuellen intrapsychischen und interpsychischen Beziehungsstrukturen. In einem Zustand, den ich nach dieser Theorie als einen Zustand der Verschmelzung beschreiben würde, unterstellt man bei Verunsicherung automatisch dem/der anderen Böswilligkeit, Unfähigkeit oder Minderwertigkeit. Man sichert sich selbst ab durch die Entwicklung und Aufrechterhaltung eines Feindbildes.

Jede Form der psychischen oder physischen *Gewalt* ist Ausdruck eines solchen Verschmelzungszustandes. Hier wird im Austausch von Ängsten und Wünschen die Verkehrung von Passivität in Aktivität besonders deutlich. Jeder Mensch tendiert dazu, die destruktiven Beziehungsszenen, die er in seinem bisherigen Leben im Zustand ohnmächtigen Ausgeliefert-Seins erlebt hat, als Opfer oder als Täter zu wiederholen. Wiederholt er sie als Täter, dann versucht er im Zustand der Verunsicherung dem anderen die Angst einzujagen, die er selbst aus eigener Erfahrung sehr gut kennt und fürchtet. Ein Exhibitionist zum Beispiel muß zwang- und dranghaft immer wieder den Schrecken bei anderen Menschen (Frauen und Mädchen) provozieren, den er selbst bei entsprechenden Übergriffen oder in einer inzestuösen Atmosphäre erlebt hat. Erst wenn er sicher ist, daß diesmal der *andere* die Angst erlebt, fühlt er sich befreit und kann in sich die Gefühle der Gewalt-Lust spüren, die der damalige Täter oder die damalige Täterin ihm gegenüber hatte.

Auch die Wiederholung der destruktiven Szenen in der Rolle des Opfers geht mit einem *Austausch* von Ängsten und Wünschen zwischen den Personen einher. Das innere Einverständnis mit der Gewalt und die Identifikation mit den Gefühlen der Gewalt-Lust des Täters lassen es in solchen Fällen für das Opfer als „selbstverständlich" erscheinen, daß es wieder zum Opfer wird. Es fühlt nicht bei sich selbst, es fühlt nicht seine *eigenen* schmerzlichen Gefühle und schützt sich deswegen gegen die Gewalt, sondern es wird seiner „Funktion" als Opfer in Beziehungen gerecht. Das Opfer verschafft dem Täter wie „selbstverständlich" die Ersatzbefriedigung und die kurzfristige Befreiung von der Angst, indem es diese Angst und die Schmerzen wieder und wieder auf sich nimmt.

Alle diese Zustände und Beziehungsszenen haben mit der psychischen Ungetrenntheit der Beteiligten zu tun. Die Ungetrenntheit wirkt sich so aus, daß keiner von beiden sich selbst getrennt vom anderen und gleichzeitig den anderen getrennt von sich erleben kann. Beide Personen bilden gemeinsam eine Szene, in der sich ein Vorgang mit verteilten Rollen abspielt. Der eine hat die Angst, der andere hat die „Lust" und gleichzeitig haben beide beides. In Kampfsituationen und das heißt, bei Verunsicherung erlebt jeder den anderen als böswillig, sich selbst als „Opfer" des anderen. Auch das Opfer, also derjenige oder diejenige von beiden, dem/der auf der Verhaltensebene Schmerzen zugefügt werden, definiert diesen Vorgang als einen selbstverständlichen, weil ja der/die andere „immer so ist", und wagt es kaum, innerlich oder äußerlich die sich wiederholende Szene und ihre Zwangsläufigkeit zu hinterfragen.

Durch die phantasierte Halbierung der Szenen und die Rollenverteilung in gut und böse, stark und schwach, Sieger und Verlierer, Täter und Opfer ist eine Verzerrung der Wahrnehmung eingetreten: Die Entweder-Oder-Struktur der Beziehung bringt es mit sich, daß automatisch der eine „gut" ist, wenn der andere „böse" ist. Nur die Entwicklung von festen Feindbildern kann noch davor retten, sich selbst als „böse" zu erleben. So entwickelt sich nicht selten ein permanenter Kampf darum, wer gut und wer böse ist. Die Kräfte beider Partner werden dazu verwendet, die Feindbilder immer wieder herzustellen; für Bemühungen um die psychische Trennung im hier beschriebenen Sinn stehen sie dann nicht zur Verfügung.

Sobald sich dieser psychische Zustand intrapsychisch und parallel dazu eventuell auch interpsychisch verändert hat, kann man den anderen Menschen wieder als getrennten Menschen erleben, der sich auf seine – eventuell sehr destruktive und damit glücklose – Weise darum bemüht, sicher und zufrieden zu werden. Die Beziehungsstruktur des Entweder-Oder löst sich auf, Konflikte werden potentiell austragbar, wenn beide wieder ihr Interesse daran entdecken können. Im Erleben erscheint nicht mehr der/die eine von beiden als „böse", sondern beide können sich selbst und gegenseitig sowohl von außen (eventuell als bedrohlich) als auch in ihrer „Innenansicht" (eventuell als ängstlich) erleben. Auf die Beschreibung der Beziehungsstruktur, in der durch sichere psychische Grenzen zwischen den Beziehungspartnern auch ein sicherer und befriedigender Kontakt möglich wird, werde ich zurückkommen.

### Die Orientierung am anderen

Vorher möchte ich noch ein wichtiges Phänomen beschreiben, das mit der „grenzenlosen Beziehung" und ebenso mit dem „grenzenlosen Individuum" verbunden ist. Die Ununterscheidbarkeit, die wir alle mehr oder weniger von unseren frühen Bezugspersonen „lernen", bringt es mit sich, daß wir – in unterschiedlichem Maß, aber prinzipiell doch alle – häufig die Gefühle, Wünsche und Phantasien unserer Beziehungspartner mit den eigenen Gefühlen, Wünschen und Phantasien verwechseln. Im Bereich der „Überschneidung" ist innen und außen schwer zu unterscheiden. So kann es leicht geschehen, daß man sich in bestimmten Situationen der Verunsicherung oder auch relativ konstant in seinem Verhalten nicht an den eigenen Gefühlen, Wünschen und Ängsten orientiert, sondern an denen des Beziehungspartners. Unbewußt oder auch ganz bewußt ist es dann wichtiger, daß der andere zufrieden ist als daß man sich selbst wohlfühlt. Die eigenen Gefühle und Bedürfnisse werden oft nicht mehr gespürt. Die Bedingungen für das Wohlbefinden des anderen werden zum Soll für die eigene Lebensberechtigung.

Verständlich wird diese „Um-Orientierung" aus ihrer Geschichte. Für jedes Kind ist es lebensnotwendig, daß sich die Eltern mit ihm wohl fühlen. Soweit nun die Eltern selbst „grenzenlos" sind und für ihr Wohlbefinden ein Kind brauchen, das nicht stört, wird das Kind nicht stören; brauchen die Eltern ein Kind, für das sie immer sorgen müssen, weil es krank ist oder stört, dann ergibt sich auch aus dieser Funktion des Kindes eine Nische, in der es sich einrichten kann und muß. In dieser Nische entwickelt es dann ein „falsches Selbst", das heißt, es läßt die eigenen Gefühle und Bedürfnisse unberücksichtigt und stellt sich statt dessen auf die Gefühle und Bedürfnisse seiner Bezugspersonen ein. Daraus entstehen vielfältige Verwicklungen, die den Beziehungsstrukturen und Konfliktlösungsmodellen der jeweiligen Familie entsprechen.

Im Prinzip verkehrt sich die natürliche Orientierung an den Fragen: „Was fühle *ich*, und was will *ich* deswegen tun? Welche Wünsche habe *ich* an *dich*? Welche Gefühle habe *ich* dir gegenüber?" in die Fragen: „Was fühlst *du* und was soll *ich* deswegen tun? Welche Wünsche hast *du* an mich? Welche Gefühle hast *du* mir gegenüber?" Die aus dieser Verkehrung der Perspektive resultierende oder erkennbar werdende Beziehungsstruktur drückt sich aus in der szenischen Phantasie: „Ich muß mich ja so ... verhalten, weil der oder die andere so ... ist." Zumeist wird diese Phantasie zum versteckten oder auch offen geäußerten Vorwurf: „Ich kann ja nicht ... (leben), weil du ..."

Das Erstaunliche an diesen Feststellungen ist, daß es sich jeweils um *subjektive Definitionen* der Situation und der Beziehung handelt. Von der Position eines außenstehenden Dritten aus betrachtet, der sich nicht in die Parteinahme für eine Seite begibt, sieht die Szene ganz anders aus als für die beiden Kontrahenten selbst. Wenn man als Dritter für beide Partner offen ist, kann man sehen, daß sie regelmäßig *beide* das Gefühl haben, nicht leben zu können, weil der oder die andere sie nicht leben läßt. Die eigene Entscheidung, auf die Orientierung an den eigenen Gefühlen zu verzichten und sich statt dessen nach den vermuteten Gefühlen und Bedürfnissen des oder der anderen zu richten, wird zumeist nicht als Ursache des Problems gesehen.

Die Schuld und damit die Verantwortung für das Nichtgelingen der Beziehung liegt aus dieser Sicht jeweils beim anderen. Zumindest wird dies im Konfliktfall behauptet, weil die Umkehrung gefürchtet wird. Latent besteht immer gleichzeitig die Gefahr, an die eigene Schuld zu glauben und so mit der eigenen Ausstoßung aus der Gemeinschaft durch den anderen einverstanden zu sein. So wird die Schuld zwischen beiden hin und her geschoben. Die Verbindung zwischen den *eigenen* Wünschen und Gefühlen und dem *eigenen* Verhalten ist unbewußt geworden – obwohl sie durchaus wirksam ist.

De facto entscheidet sich nämlich trotz aller Uminterpretation des eigenen und des fremden Verhaltens jeder Mensch doch entsprechend seinen eigenen Gefühlen und Wünschen. Befindet er sich in einem Zustand der Verschmelzung (Überschneidung), dann kämpft er unter Umständen mit allen ihm verfügbaren „Waffen" gegen seinen Untergang durch Ausstoßung beziehungsweise durch Vereinnahmung. Darin folgt er durchaus seinen *eigenen* Überlebensinteressen *gegen* den anderen. Die Beschuldigung des anderen als Auslöser für das eigene Verhalten („ich kann ja nicht, weil du ...") ist die Waffe gegen dessen vermutete oder reale Ausstoßungsdrohung – und gegen die Gefahr, sich selbst dieser Ausstoßungsdrohung anschließen zu müssen. Und gleichzeitig dient diese Waffe auch zur Abgrenzung gegen den eigenen Wunsch nach „Einheit" und die damit verbundene Gefahr, in dieser „Einheit und Gleichheit" verloren zu gehen.

Die hier beschriebene Orientierung am anderen ist unbedingt zu unterscheiden von dem Wunsch, für den anderen zu sorgen. Geschieht diese Unterscheidung nicht, dann kippt auch in der Theorie nur die Perspektive zwischen „richtigem" und „falschem" Verhalten. Der Egoismus scheint nun „richtig" zu sein, Altruismus „falsch". Verschiedene vereinfachende Psychotherapieformen bemühen sich nur oder vorwiegend um diese Verkehrung ins Gegenteil und „produzieren" auf diese Weise bei ihren Patienten eine Siegermentalität, die das Problem der Grenzenlosigkeit und der interpsychischen Gewalt nicht löst, sondern nur mit anderen Mitteln und in anderer Rollenverteilung fortsetzt.

Es ist auch nicht leicht, die Vielfältigkeit der phantasierten Zuschreibungen und subjektiven Definitionen eines Beziehungsfeldes zu durchschauen und damit umzugehen. Ohne die Möglichkeit, dialektisch zu denken – und bei subjektiv erlebter Bedrohung geht diese Möglichkeit leicht verloren –, verfällt man immer wieder in einseitige Sichtweisen, die dem Kampf ums „Gut-Sein" entsprechen.[1] Die „Ansteckungsgefahr" in diesem Kampf ist groß – auch für Helfer, die versuchen, sich nicht anstecken zu lassen. Da die Frage, ob man „gut" oder „böse" ist, nur in der Sicht „von außen", also vom anderen beantwortet werden kann, ist sie automatisch mit der „Orientierung am anderen" verbunden, die ich hier beschreibe.

Wie jedes Kind versucht, „gut" zu sein, indem es sich auf die Gefühle und Bedürfnisse seiner Umgebung einstellt, so kämpft auch der Erwachsene in einer grenzüberschreitenden Beziehungssituation immer noch automatisch darum, in den Augen des anderen nicht der Täter, sondern das Opfer zu sein. Weil der Täter in der gemeinsamen Phantasie keinen Platz in der Gemeinschaft hat, wird viel geopfert, um nicht der Täter zu sein: Einerseits opfert man die Orientierung an den eigenen Gefühlen, andererseits die Chance, sich mit dem Beziehungspartner zu verständigen. Man orientiert sich an ihm und wirft ihm im Konfliktfall diese Orientierung vor. So wird das „Entgegenkommen", dessen ursprüngliche Funktion darin bestand, eine friedliche Annäherung zu ermöglichen, im Kampf um die Existenzberechtigung des einen gegen den anderen zur Waffe. „Ich muß mich ja so ... verhalten, weil du sonst ..." Der andere wird zum Täter, man selbst zu dessen Opfer.

Die Übernahme der Verantwortung für das eigene Verhalten „Ich verhalte mich so, weil *ich* diese ... Gefühle habe" wird im Krieg um das Opfer-Sein beziehungsweise um das Unschuldig-Sein als angreifbare „Stellung" erlebt, weshalb diese Position nur in einem geschützten Raum (eventuell mit Hilfe Dritter) eingenommen werden kann.

Ich will mit diesen Überlegungen nicht etwa den Altruismus entwerten und den Egoismus idealisieren. Im Gegenteil, der Wunsch, für einen anderen Menschen zu sorgen, kann nur in einer psychisch getrennten Beziehung wirklich zum Tragen

---

[1] Vgl. Thea Bauriedl: Beziehungsanalyse. Das dialektisch-emanzipatorische Prinzip der Psychoanalyse und seine Konsequenzen für die psychoanalytische Familientherapie. Suhrkamp, Frankfurt/M. 1980.

kommen, wenn nämlich dieser Wunsch als *eigener* Wunsch erkannt wird und deswegen der Wunsch des anderen, versorgt zu werden, nicht als Befehl oder Übergriff erlebt werden muß, dem man sich unterwirft, oder dem man sich widersetzt.

Mit dem theoretischen Konzept „Orientierung am anderen" geht es mir um die Unterscheidung zwischen der Beziehungsstruktur „entweder-oder" einerseits und der Beziehungsstruktur „und" andererseits. Am Bild der sich überschneidenden und der einander berührenden Kreise wird diese Unterscheidung noch einmal deutlich: In der ersten Beziehungsstruktur geht es *entweder* um die Gefühle und Wünsche des einen *oder* um die des anderen. In der zweiten Beziehungsstruktur geht es um die Gefühle und Wünsche des einen *und* um die des anderen, wobei hier durchaus nicht „Harmonie" herrschen muß. Gerade im Konfliktfall, aber auch bei Annäherung zeigt sich, ob *beide* Personen mit ihren Gefühlen und Wünschen einen Platz *nebeneinander* haben können und sich deshalb konstruktiv auseinandersetzen (integrative Konfliktlösung), bzw. ob sie die Nähe als befriedigend und nicht als ängstigend erleben können.

Die Orientierung am anderen prägt sich in zwei scheinbar sehr unterschiedlichen Beziehungsphantasien aus, die viel miteinander zu tun haben: die narzißtische und die depressive Variante der „grenzenlosen" Beziehungsphantasie. Die eine ist die Rückseite der anderen, beide sind durch die Orientierung am anderen geprägt. Die depressive Variante dieser Beziehungsphantasie orientiert sich an der Frage: „Bin ich richtig? Bin ich so, wie du mich haben willst? Fühlst du dich wohl mit mir?", während die narzißtische Variante sich um die Frage dreht: „Bin ich schön? Bin ich großartig? Bewunderst du mich?"

Diese beiden Beziehungsphantasien unterscheiden sich weit weniger als im allgemeinen angenommen wird. Größen- und Kleinheitsphantasien kommen immer nur gemeinsam vor, denn sie sind beide an dem Bild ausgerichtet, das der andere vom einen hat. Die narzißtische Variante geht von der Vorannahme aus, daß nur der geliebt und gebraucht wird, der durch seine eigene Großartigkeit dem anderen das Gefühl gibt, an dieser Großartigkeit in irgendeiner Weise teilhaben zu können. Die depressive Variante folgt der Phantasie, daß man den anderen nicht beunruhigen und frustrieren darf, wenn man selbst eine Lebensberechtigung in seiner Nähe haben will.

Schließlich ist noch eine Variante der „grenzenlosen Beziehung" zu beschreiben, die sich nicht in einem äußeren Kampf ausdrückt. Es ist dies die gegenseitige Idealisierung und Bündnisbildung von zwei oder mehr Personen gegen einen gemeinsamen Feind. Es gibt viele Variationen, wie die Scheinharmonie zwischen zwei Personen aufrechterhalten wird. Immer dann, wenn innerhalb der Beziehung ein Konflikt (ein Ungleich-Sein) droht, wird der gemeinsame Feind außerhalb herangezogen, um die Beziehung wieder im Zustand der (Pseudo-)Harmonie zu stabilisieren. Die Ausstoßung beziehungsweise das Ungleich-Sein wird hier mehr gefürchtet als die Vereinnahmung durch den Zwang, gleich zu sein.

Natürlich ist auch in dieser Beziehungsform jeder am anderen ausgerichtet, immer unter der gemeinsamen Devise: „Wir sind nur dann Freunde (oder ein Paar), wenn wir gleich fühlen und denken; ich muß also immer darauf achten, daß ich nicht von dir abweiche und daß du nicht von mir abweichst." Zwang und Unterdrückung sind häufig unbewußt. Sie werden in Kauf genommen, um der Gemeinsamkeit willen. In Sekten und anderen „Kampfgemeinschaften" wird die Unterdrückung und Ausbeutung besonders deutlich. Aber sie existiert auch zwischen Paaren, vor allem im Frühstadium der Partnerschaft, und zwischen Eltern und Kindern, die füreinander die „idealen Partner" zu sein versuchen.

Die Idealisierung der Grenzenlosigkeit dient hier zur Aufrechterhaltung der Bindung. Im Bild wird dieser Zustand oft erlebt als ein „Ineinander-Sitzen" von zwei Menschen (ein Kreis im anderen), was oft als einzige Möglichkeit phantasiert wird, sich geborgen zu fühlen. Das Ineinander-Verschwimmen in einer umfassenden Uterusphantasie wird als Beziehungsstruktur von den Eltern übernommen wie jede andere. Das totale Eins-Sein bleibt dann oft lebenslang das Ziel der Sehnsucht; alle Abweichungen von diesem Idealzustand in Form von Ungleichheit scheinen die Geborgenheit zu stören. Nicht wenige

„moderne" Psychotherapieformen bieten auch diese Phantasie als heilbringend an und kommen damit einem großen Bedürfnis bei vielen Menschen in unserer Zeit der grundsätzlichen Verunsicherung entgegen.

## Grenzen, die Kontakt möglich machen

Die Alternative zu diesen teils leidvoll erlebten, teils sehnsüchtig erstrebten Beziehungsstrukturen besteht für mein Verständnis in einer Struktur, in der bildlich gesprochen die beiden Kreise nebeneinander liegen und sich berühren. Auch hier ist es mir wichtig, auf ein häufig auftretendes Mißverständnis aufmerksam zu machen: Der Satz: „Ich muß mich eben hier abgrenzen" bedeutet in den meisten Fällen: „Hier muß ich eben nein sagen." Die fehlenden Grenzen zwischen den Personen werden oft nur verstanden als die Unfähigkeit, nein zu sagen. Wer „immer nicht nein sagen kann", ist in dieser Phantasie der „Gute", der Selbstlose, der aber leider psychisch nicht gesund ist, weil er sich nicht „abgrenzen" kann. Gesund ist er erst, wenn er „jetzt auch mal nein sagt". So wird er unter Umständen „noch besser", weil er jetzt auch nein sagen kann und damit als psychisch gesund gilt.

Dies *scheint* mit meiner Theorie übereinzustimmen, in der die „Orientierung am anderen" als Problem gesehen wird. Schon bei der Diskussion des Kipp-Phänomens zwischen Altruismus und Egoismus habe ich jedoch darauf hingewiesen, daß hier häufig eine falsche Alternative entsteht, die aus dem Problem des Entweder-Oder nicht heraus führt.

Die Idealisierung der Abgrenzung durch Nein-Sagen ist nur die Umkehrung der (unbewußten) Idealisierung der Beziehung durch Ja-Sagen. In beiden Fällen besteht die Orientierung am anderen, wie ich sie oben beschrieben habe, in beiden Fällen besteht die Beziehungsstruktur des Entweder-Oder: „Entweder ich sage ja zu dem, was *du* fühlst und willst, oder ich sage nein dazu." Eine dialektische Lösung, nämlich das Und zwischen beiden Personen oder Personengruppen, das Und zwischen den ähnlichen und unähnlichen Gefühlen und Wünschen beider Seiten, ist nicht möglich. Wieder wird deutlich, wie sehr sich die Gegensätze gleichen, und daß eine grundsätzliche Veränderung solcher Beziehungsstrukturen nur möglich ist, wenn man versucht, auf die Vorteile des Kipp-Phänomens zwischen gut und böse, ich und du, ja und nein zu verzichten.

Die Alternative zu diesem Entweder-Oder in bezug auf die Gefühle und Wünsche *des anderen* ist in der Beziehungsstruktur der psychischen Trennung zu finden, wie ich sie in dem Bild mit den beiden sich berührenden Kreisen veranschaulicht habe. Hier bestünde im Prinzip – in der Realität unserer Beziehungen ist dies wohl selten vollständig möglich – ein Kontakt „an der Grenze", zwischen den Gefühlen und Wünschen des einen und denen des anderen. Ja *und* nein entsprechend der *eigenen* Gefühlslage und den *eigenen* Bedürfnissen *in der Beziehung zu dem oder den anderen* wäre möglich. Die Bedingung für ein gutes Zusammenleben bestünde nicht in der Unterordnung des einen unter den anderen und umgekehrt.

Freilich müßte dann auch die Paradiesphantasie von der vollständigen Verschmelzung aufgegeben werden, in der die Grenzenlosigkeit idealisiert wird und man sich einen befriedigenden Kontakt nur im „grenzenlosen Ja zum anderen" (Uterusphantasie) vorstellen kann. Ein wirkliches Ja zum anderen, in dem jeder von beiden frei ist, kann nur im Respekt vor den eigenen Grenzen und vor den Grenzen des anderen bestehen. Und dieser Respekt setzt voraus, daß man ja sagt zur eigenen Begrenztheit und damit zu einem eventuell konflikthaften und riskanten Kontakt zu anderen Menschen.

Wenn der Kontakt an den „Außengrenzen" der Personen zustande kommen kann, wird die Annäherung nicht automatisch zum aktiven und passiven Übergriff. Mißbrauch und Funktionalisierung von Menschen durch Menschen drohen nicht, wo die Beziehungsstruktur „Psychisch getrennt und bezogen aufeinander" vorherrscht. Dort löst sich auch die Sprachlosigkeit auf, denn es besteht ein dialogischer Kontakt, in dem gefragt und geantwortet wird. Man kann wirklich ja sagen, *weil* man auch wirklich nein sagen könnte und umgekehrt.

Ich bin überzeugt, daß jeder Mensch im Grunde seines Herzens (oder seiner Seele) nichts anderes wünscht als diese Form der Beziehung. Viele haben es freilich längst aufgegeben, sich um diese Form der Beziehung zu bemühen und ihre zwischenmenschlichen Beziehungen in diesem Sinne zu pflegen. So erscheinen sie nach außen und oft auch in ihrem Selbstbild scheinbar unabhängig von dem Wunsch nach einem echten Kontakt. Ersatzweise geht es ihnen nur noch um die Überlegenheit im Kampf gegen ihre Widersacher. Oder sie versuchen ihr Leben lang verzweifelt, einen Menschen zu finden, dem sie es endlich wirklich „recht" machen können, so daß er sie wirklich annehmen kann. Denn ihre zentrale Beziehungsphantasie ist von der Vorstellung geprägt, daß in ihnen etwas grundsätzlich Schlechtes ist, das sie auf jeden Fall verstecken und durch „Richtig-Sein" (für den anderen) kompensieren müssen.

Bei näherem (analysierenden) Hinsehen findet man regelmäßig heraus, daß dieses im eigenen Ich vermutete „Schlechte", das durch gewalttätiges Verhalten oder durch sehnsüchtige Unterwürfigkeit zu verbergen versucht wird, ursprünglich die eigenen Gefühle und Wünsche waren, die von den frühen Bezugspersonen als unerträglich erlebt wurden. In zwangsläufiger Übereinstimmung mit dem anderen (Orientierung am anderen) wurden diese Gefühle und Wünsche in der eigenen unbewußten Beziehungsphantasie „verdammt". Wie schwer es ist, diese „Verdammnis" aufzulösen, und welche „Heilsphantasien" dabei oft in psychotherapeutischen Situationen auftreten, werde ich im dritten Kapitel dieses Buches beschreiben.

Am Ende dieses Kapitels, das in vereinfachter Form meine Beziehungstheorie wiedergibt, möchte ich noch einmal vor einem Mißverständnis warnen. Ich habe häufig die Erfahrung gemacht, daß meine Beschreibungen von „gesunden" Beziehungen so verstanden werden, als könnten diese Beziehungen hergestellt, „gemacht" werden, da man ja jetzt wisse, wie sie aussehen und wie sie zu erreichen sind. Leider ist das nicht so. Schwere Schädigungen der Beziehungsphantasien können bestenfalls gebessert werden, und auch dazu sind die Fähigkeit und der Wunsch erforderlich, sich wirklich um die eigenen Beziehungsphantasien und um die Pflege der eigenen Beziehungen zu bemühen. Das ist ein mühsamer, wenn auch bei jedem Schritt befriedigender Weg, der alle Machbarkeitsphantasien und Überlegenheitswünsche von Natur aus in Frage stellt.

Als Psychoanalytikerin kann ich nur Prozesse und Wege der Veränderung beschreiben, nicht Anleitungen oder Rezepte für ein glückliches Leben liefern. Was ich vermitteln kann, ist nicht *Bewältigungswissen*, sondern *Erhaltungswissen*, und das sind Erfahrungen mit dem Versuch, Leben in Beziehungen zu erhalten oder wieder möglich zu machen. Die Entscheidung, was der oder die einzelne von diesen Erfahrungen für sich brauchen kann, muß jedem und jeder überlassen bleiben und damit auch die Verantwortung für sein oder ihr Leben in Beziehungen.

# 2. Beziehungen in Familien

## Die „grenzenlose" Paarbeziehung und ihre Folgen

Im ersten Kapitel habe ich die Grundprinzipien zerstörter und zerstörender Beziehungsstrukturen beschrieben. Vielen Leserinnen und Lesern sind bei diesen Beschreibungen wahrscheinlich Situationen aus ihren eigenen glücklichen oder unglücklichen Paarbeziehungen eingefallen. In diesem Kapitel möchte ich noch konkreter auf die Strukturen von Paar- und Familienbeziehungen eingehen, bevor ich meine Beziehungstheorie in den weiteren Kapiteln des Buches auf psychotherapeutische und ökologisch-politische Beziehungsstrukturen anwende.

In glücklosen Paarbeziehungen oder in entsprechenden Beziehungssituationen ist das Entweder-Oder und auch die Orientierung am anderen, wie ich sie im vorigen Kapitel beschrieben habe, besonders deutlich zu spüren. Der Kampf ums „Gut-Sein" einerseits und der Kampf ums „Nicht-zu-kurz-Kommen" andererseits prägt solche Beziehungen oder bestimmte Situationen in Beziehungen. Man kämpft darum, wer Täter (böse) und wer Opfer (gut) ist, und gleichzeitig auch darum, wer das Recht hat, versorgt zu werden, wer dominieren darf, wer wertvoll ist usw. Die Struktur der Beziehungsphantasien gleicht dem Nullsummenspiel: Was der eine hat, hat der andere nicht, was der eine bekommt, geht dem anderen verloren.

Wenn ich mit solchen Paarbeziehungen psychotherapeutisch arbeite, habe ich oft das Bild der siamesischen Zwillinge vor Augen. Als wären einige lebenswichtige Organe in dem gemeinsamen Körper nur einmal vorhanden und als ginge es um die Entscheidung, wer das jeweilige Organ bei einer chirurgischen Trennung behalten und damit überleben darf, kämpfen beide Partner um ihre Existenzberechtigung, um ihre Über- oder Unterlegenheit – und oft auch um ihre Kinder. Der psychische, manchmal auch physische Vernichtungskrieg ist die logische Folge der gemeinsamen Phantasie, daß in diesem gemeinsamen „psychischen Körper" die Gefühle der beiden Partner nicht voneinander unterscheidbar sind. Zum Beispiel ist es dann auch nicht möglich, daß jeder von beiden *seine* Beziehung zu den Kindern hat und haben darf. Wären die Beziehungen der beiden Eltern zu dem Kind oder zu den Kindern in der gemeinsamen Phantasie unterschiedlich und das heißt: voneinander unterscheidbar, dann würden sie sich nicht gegenseitig ausschließen. Der Kampf ums Kind wäre dann nicht nötig.

Im allgemeinen sind die Partner in solchen Beziehungskämpfen fest davon überzeugt, daß jeweils der andere an dem Kampf schuld ist. Wäre er anders, würde er sich anders verhalten, dann müßte es den Krieg nicht geben. Die politische Propaganda tut im Kriegsfall nichts anderes als gerade dies zu behaupten, um den Krieg überhaupt erst möglich zu machen. Von außen betrachtet und unter Berücksichtigung der unbewußten Beziehungsphantasien ist der Krieg auf die *Beziehungsstruktur* zurückzuführen, die sich zwischen den beiden entwickelt hat, und nicht nur auf die Bösartigkeit der einen Partei.

Theoretisch ist diese Vorstellung im allgemeinen nicht schwer nachzuvollziehen. Praktisch und in der konkreten Situation eines solchen Beziehungskampfes wird jeder Dritte in seinen Gefühlen und Phantasien von der Spaltung in den Phantasien über das Konfliktfeld infiziert. Daraus folgt, daß auch er fast zwangsläufig in Kategorien von „richtig" und „falsch", von Opfer (gut) und Täter (böse) denkt. Und schon verändert sich auch die theoretische Phantasie über die Beziehung der Kontrahenten. „Versteht" man den einen, dann sieht man ihn „von innen"; man erlebt, wie er sich fühlt, und kann sein Verhalten nachvollziehen. Die Folge ist, daß man den anderen nur noch „von außen" sieht, sozusagen aus den Augen und mit den Gefühlen des einen. Würde man auch diesen anderen „verstehen", dann hätte man das Gefühl (des einen), den ersten Bündnispartner verraten zu haben. So wird man eventuell auch als

Psychotherapeut/in eines Paares oder auch eines einzelnen Patienten, der in einer solchen Paarbeziehung lebt, hin und her gerissen wie jedes Kind, das dem psychischen Überlebenskampf seiner Eltern ausgeliefert ist.

Der einzige Ausweg aus dieser Beziehungsfalle ist in dem Versuch zu finden, die *eigene*, dritte Position einzunehmen und sich aus dieser Position, motiviert von den *eigenen* Gefühlen und Phantasien, mit *beiden* Konfliktpartnern „*auseinander*" zu setzen. Soweit man diese Auseinandersetzung mit dem Täter *und* mit dem Opfer scheut, wird man auch die hier vorgelegte Theorie ablehnen. Ich habe die Erfahrung gemacht, daß dann dieser Theorie vorgeworfen wird, sie würde Täter und Opfer vermischen oder gar vertauschen, ein Vorwurf, der aus den systemimmanenten Phantasien und Wünschen, daß doch dem Opfer nur *gegen* den Täter geholfen werden könne und müsse, verständlich ist. Eine echte Auseinandersetzung mit beiden Seiten, vor allem auch mit der (psychischen) Realität des Täters, ist allerdings aufgrund der einseitigen Bindung an das Opfer nicht möglich.

Aber auch das Opfer kommt aus meiner Sicht zu kurz, wenn man sich nur mit ihm identifiziert und dann als echtes Gegenüber fehlt, das eine Resonanz für seine Schmerzen anbieten könnte. Man sieht denjenigen nicht wirklich, mit dem man „in einem Boot sitzt". Der Satz „*Verstehen bedeutet nicht Einverstanden-Sein*" ist in der konkreten Praxis schwer im Bewußtsein zu halten. Für den Umgang mit dem Opfer bedeutet dieser Satz, daß man nicht mit ihm in einen Verschmelzungszustand gerät; für den Umgang mit dem Täter bedeutet er, daß man nicht mit ihm und seinem Verhalten einverstanden sein muß, wenn man versteht, wie dieses Verhalten mit seinem Erleben zusammenhängt. Diese Schwierigkeit hat mit den Phantasien zu tun, in denen wir immer wieder gefangen sind: Wir glauben nur dann gegen einen Menschen vorgehen zu können, wenn wir ihn *nur* von außen (als „Feind") sehen, und daß wir einen Menschen nicht mehr von außen sehen dürfen, wenn wir ihn (als Opfer) „verstehen".

Theoretisch sind also die folgenden Überlegungen nicht

schwer nachzuvollziehen. Praktisch sind sie oft schwer zu halten. Mir und vielen psychoanalytischen Paartherapeuten, die ähnlich arbeiten, helfen sie auch in der Praxis zu einer inneren Orientierung, die die Position des Dritten unterstützt:

Wenn man sich dieser Theorie entsprechend ein Paar als zwei einander überschneidende Kreise vorstellt, kann man verstehen, daß es im Bereich der „Überschneidung" nur darum gehen kann, wer gut und wer böse ist, wer auf Kosten des anderen lebt und wer der Ausgebeutete ist.[1] Der scheinbare Altruismus, entstanden aus der Not beider Partner, die schon als Kinder in „grenzenlosen" Beziehungen aufgewachsen sind, führt zum latenten oder manifesten Kriegszustand, sobald sich die anfängliche gegenseitige Idealisierung auflöst.

Fast alle Paarbeziehungen beginnen mit einer Sehnsucht nach „Ergänzung" durch den anderen, mit der Hoffnung oder dem Glauben, daß durch die Beziehung zu diesem Menschen das alte Unglück beseitigt werden könnte, weil jetzt endlich jemand da ist, für den man „richtig" und wertvoll ist, der hört und versteht und alle subjektiv erlebten Defizite in Form von Minderwertigkeits-, Schuld- und Einsamkeitsgefühlen ausgleichen wird. Der Partner oder die Partnerin soll als Heilmittel gegen die Verletzungen dienen, die man in seinem bisherigen Leben erfahren hat, und die Deformierungen wettmachen, die einem bisher das Leben so schwer gemacht haben.

Leider kann kein Mensch diese Erwartungen erfüllen. Die „mitgebrachten" Beziehungsphantasien beider Partner greifen ineinander, ja sie passen regelmäßig „gut" zusammen, denn jeder Mensch sucht sich unbewußt den Menschen, der der eigenen mehr oder weniger grenzenlosen Struktur entspricht. Darüber hinaus entwickeln sich in einer Partnerschaft die jeweils komplementären Rollen. Die Wünsche und Ängste, Hoffnungen und Befürchtungen aus den bisherigen Beziehungen zu den Eltern und Geschwistern, zu bisherigen Partnern und Partnerinnen übertragen sich auf den neuen Partner oder

---

[1] Vgl. die entsprechenden Ausführungen im ersten Kapitel.

die neue Partnerin und rufen in diesem/dieser ähnliche Reaktionen hervor wie sie schon mit den bisherigen Bezugspersonen erlebt wurden. Obwohl nicht selten in der nächsten Paarbeziehung die Rollen vertauscht sind, so daß zum Beispiel jetzt der bisher immer Abhängige zum scheinbar Unabhängigen geworden ist, handelt es sich doch oft auch in der neuen Beziehung wieder um sehr ähnliche Probleme und Szenen.

So entsteht in fast allen Beziehungen im Lauf kürzerer oder längerer Zeit eine mehr oder weniger tiefe Enttäuschung und zumeist auch eine Wiederholung der Resignation, die schon bisher die Lebendigkeit in den Beziehungen abgetötet hat. Eine neue Hoffnung richtet sich dann oft auf die Kinder oder auch auf Partnerschaften außerhalb der „tot" gewordenen Beziehung.

Aber auch hier wiederholen sich weitgehend die „grenzenlosen" Beziehungsstrukturen. Die Kinder werden zu Ersatzpartnern, die das Bedürfnis nach „Heilung" nicht befriedigen können, weil es prinzipiell nicht befriedigt werden kann, solange sich die Beziehungsstrukturen nicht ändern. So übernehmen die Kinder die Strukturen des psychischen Überlebenskampfes ihrer Eltern und wiederholen diese mit den eigenen Partnern. Auf diese Weise wird das psychische Erbe von einer Generation an die nächste weitergegeben, soweit nicht emanzipatorische Wünsche bewußt werden und wenigstens teilweise zur Befreiung aus den Strukturen des Entweder-Oder genützt werden können.

Eine häufige Erscheinungsform der „grenzenlosen" Paarbeziehung besteht darin, daß beide Partner es nicht wagen, ihr Selbstgefühl daran zu orientieren, welche Gefühle, eventuell Liebesgefühle, *sie selbst* dem anderen gegenüber haben. Weil ihre Liebesgefühle den Eltern gegenüber von diesen nicht auf- und angenommen werden konnten, haben sie diese ihre eigenen Liebesgefühle in sich „verdammt" oder auch für wertlos oder unerheblich erklärt. Sie spüren sie nicht mehr als Liebesgefühle, sondern allenfalls noch als Sehnsucht, geliebt zu *werden*. Nun muß der Partner oder die Partnerin beweisen, daß er/sie genügend „liebt". Nicht zu lieben gilt ebenso als „böse" wie Nicht-geliebt-zu-Werden ein Beweis für Wertlosigkeit ist.

35

„Du liebst mich ja nicht" gilt als Vorwurf, und „mich mag ja keiner" ist der Beweis für die eigene Wertlosigkeit, der immer wieder gefürchtet und auch inszeniert wird.

Der Partner oder die Partnerin soll das Defizit an Liebesfähigkeit ausgleichen, das durch die Diffamierung der *eigenen* Gefühle und Bedürfnisse den Bezugspersonen gegenüber entstanden ist. Er/sie soll sozusagen die fehlende „Liebe" zuführen. Manche Menschen versuchen ihr Leben lang, diese „Zufuhr" zu bekommen oder sie in ausreichendem Maß zu erbringen. Im Kampf um die „Zufuhr an Liebe" muß man sich unentwegt bemühen, „liebenswert", und das heißt dann freundlich oder großartig oder schön oder klug oder erfolgreich zu sein. Denn die Beziehungsphantasie besagt: „Nur die freundlichen, schönen, klugen, überlegenen, erfolgreichen etc. werden geliebt."

Der Spiegel ist der Partner, oder der Partner ist ein Spiegel, in dem man den Beweis für den eigenen Wert zu sehen hofft („Spieglein, Spieglein an der Wand ..."). Diesem Spiegel macht man dann dieselben Vorwürfe, wie sie einem als Kind gemacht wurden, wenn man nicht genügend Liebe „produzieren" konnte, um das psychische Wohlbefinden seiner Bezugspersonen sicher zu stellen.

Wesentlich an dieser Beziehungsstruktur ist die „Orientierung am anderen", wie ich sie schon im ersten Kapitel beschrieben habe. Man orientiert sich in seinem Verhalten an dem *Bild*, das man dem anderen bietet und an den Gefühlen, die man beim anderen hervorrufen kann, nicht an den eigenen Gefühlen. Die Verbindung zwischen den *eigenen* Gefühlen und dem *eigenen* Verhalten ist verlorengegangen. („Ich muß ja so ... sein, weil du so ... bist.") Wie in der Beziehung zu den Eltern sieht man sich durch die Augen des oder der anderen und glaubt, so zu fühlen und zu sein, wie die anderen einen sehen. Die daraus entstehende Gefühlsunsicherheit führt dazu, daß man sich stets bemühen muß, den anderen zu zwingen, die Augen nicht abzuwenden – und gleichzeitig nichts von der vermuteten eigenen Minderwertigkeit zu sehen. Eine andere Bindung, die auf dem sicheren Vertrauen in die Tragfähigkeit zwischenmenschlicher Beziehungen beruht, kennt man in solchen Beziehungen nicht.

Besonders fatal an dieser Beziehungsform ist, daß die Unterdrückung der eigenen Gefühle und Wünsche regelmäßig zu einer Kommunikationsform führt, die als *Doppelbindung* (double bind) bekannt geworden ist. Das Kind macht (als Opfer) die Erfahrung: „Ich liebe dich, aber das macht dir Angst; also macht es auch mir Angst, und so unterdrücke ich dieses Gefühl bei mir". Diese Erfahrung wiederholt es in seinen Beziehungen nicht nur als Opfer, sondern auch als Täter: „Du sollst mich lieben, aber wenn du mich liebst, glaube ich es nicht, denn es würde mir Angst machen". So können keine Gefühle der Zuneigung erlebt und geäußert werden und auch der „Empfang" dieser Gefühle ist gestört. Die paradoxe Aufforderung: „Du sollst mich lieben!" führt zur Lähmung der spontanen Liebesgefühle. Ersatzweise können allenfalls „Beweise für Liebe" erbracht und gefordert werden, wodurch die Beziehung zur Pseudobeziehung wird.

Beide Partner befinden sich in der Falle der Doppelbindungen des jeweils anderen. Stets aufs neue entwickelt sich die von mir so bezeichnete *Ambivalenzspaltung*: Wenn der eine „liebt", muß der andere seine Liebesgefühle unterdrücken. Wenn der eine sich nähert, muß der andere fliehen. Die Balance zwischen den im ersten Kapitel beschriebenen Grundängsten (vor Ausstoßung und Vereinnahmung) bringt es mit sich, daß zwischen den Partnern ein gleichbleibender Abstand eingehalten werden muß, der dann jeweils den optimalen Kompromiß zwischen diesen beiden Ängsten darstellt. „Rühr' mich nicht an und verlaß' mich nie", das ist die paradoxe Aufforderung von beiden Seiten, die dazu führt, daß solche Paare häufig nicht miteinander und nicht ohne einander leben können. Wenn sie sich einander nähern, tritt die Angst vor Vereinnahmung auf, weshalb dann jeweils einer dafür sorgt, daß die Annäherung nicht möglich wird. Wenn sie sich voneinander weg bewegen, tritt bei einem die Angst auf, verlassen und wertlos zu sein, weshalb er – oft im unbewußten gemeinsamen Interesse – dafür sorgt, daß die Trennung nicht wirklich eintritt.

Mit der Austauschbarkeit der Gefühle zwischen den Partnern geht auch die *Austauschbarkeit der Personen* einher. Denn der andere wird nicht als der gesehen, der er ist, sondern nur in seiner Funktion. Er wird dazu gebraucht, um die eigenen fehlenden Gefühle zu ersetzen und die Labilität der eigenen Gefühlswelt zu stabilisieren. Das kann er nicht leisten. Also muß und kann er gegen den „endlich richtigen" Menschen, den „Traumpartner" ausgetauscht werden. Verschiedene Wirtschaftszweige leben von dieser unendlichen Rettungsphantasie.

Diese Art der Paarbeziehung hat Auswirkungen auf die Gesamtheit der Familienbeziehungen und darin natürlich vor allem auf die Beziehungsphantasien der Kinder. Die Beziehungsphantasien in solchen „grenzenlosen" Familien sind dadurch gekennzeichnet, daß durch die Austauschbarkeit der Gefühle und der Personen eine große Unklarheit darüber besteht, wer der Mann, der Sohn oder der Vater bzw. die Frau, die Tochter oder die Mutter ist. Hier ist keiner und keine „an seinem/ihrem Platz." Jede/r pendelt hin und her zwischen dem großartig-sieghaften Gefühl, besser zu sein als ein Dritter und zwischen dem depressiv-resignativen Gefühl, schlechter als dieser zu sein. Und dieses „besser" oder „schlechter" bezieht sich immer auf die Fähigkeit, die Funktion als Ersatzpartner für den Zweiten erfüllen zu können. Wieder gilt der Satz: *Was nicht voneinander unterschieden werden kann, schließt sich gegenseitig aus.*

In diesem Zusammenhang muß ich einen kleinen Ausflug in die psychoanalytische Theorie machen. In der Tradition der Psychoanalyse wurde und wird diese Familienstruktur im Bild des *Ödipuskomplexes* beschrieben. Die Wünsche des Kindes, seinen Vater bei der Mutter zu ersetzen, hatte Freud in seinen ersten Überlegungen – aus meiner heutigen Sicht: in „halbseitiger Blindheit" – einerseits nur dem Jungen zugeschrieben; für ihn „hatten die Mädchen so etwas nicht". Andererseits bemerkte er zwar früh, daß der sexuelle Mißbrauch von den Erwachsenen ausgeht, doch nahm er diese Sicht der Dinge aus verschiedenen Gründen wieder zurück und erklärte die ödipalen Phantasien (des Jungen) zu einer „normalen" (und notwendigen!) Erscheinung im Lauf jeder „normalen" psychischen Entwicklung. So war die Brisanz der Entdeckung, daß die Kinder nicht selten durch sexuelle Übergriffe der Erwachsenen schwer geschädigt werden, erst einmal gebannt.

Es wäre erstaunlich, wenn sich die Psychoanalyse im Lauf ihres über hundertjährigen Bestehens nicht weiterentwickelt hätte. Leider wird diese Entwicklung von vielen Kritikern nicht gesehen. Man legt die Psychoanalyse auf ihre und vor allem auf Sigmund Freuds erste Verstehensversuche unbewußter Vorgänge fest und wirft den Psychoanalytikern dann vor, ihre Wissenschaft sei entweder keine Wissenschaft oder längst veraltet.

Eines der Konzepte, die von Freud selbst und von vielen seiner Nachfolger als zentral und unabdingbar angesehen wurde, ist das Konzept des Ödipuskomplexes. In meinen Vorstellungen über die Familienbeziehungen findet sich der Ödipuskomplex wieder, allerdings in veränderter und, wie ich meine, der heutigen Zeit und dem heutigen Denken angemessener Form: Die Schädigung beginnt mit der Beziehungsphantasie der Eltern, die (wie beschrieben) das Bedürfnis nach dem idealen Partner in der Beziehung zu ihren Kindern zu befriedigen versuchen. Durch diese Wünsche und Phantasien der Eltern erhält das Kind eine Funktion im Leben. Es kann sich „wohl" fühlen, wenn es die ihm zugewiesene Aufgabe erfüllt, es fühlt sich unwohl, wenn es daran scheitert.

Die Berechtigung, zu leben und einen Platz bei anderen Menschen zu haben, ist bei uns allen – in unterschiedlichem Maß – an bestimmte Bedingungen geknüpft. Diese „Lebensbedingungen" entstehen im Prinzip aus der Bedürftigkeit der Eltern und der elterlichen Beziehungen. In diesem „Raum" richtet sich jedes Kind mehr oder weniger glücklich ein, eventuell auch in der von den Eltern benötigten Rollenverteilung mit seinen Geschwistern und anderen nahen Bezugspersonen. Soweit die Kinder als Teile der Eltern gebraucht und mißbraucht werden, können sie sich nicht von diesen unterscheiden. So kommen aus meiner Sicht die „ödipalen Kämpfe", aber auch andere Phänomene wie der „Penisneid" oder der „Gebärneid" zustande. Wenn man gelernt hat, auf die unbewußten Phantasien in zwischenmenschlichen Beziehungen zu achten, kann man über diese Beziehungsstrukturen nicht hinwegsehen, auch wenn die Behauptung solcher Phänomene außerhalb der Psychoanalyse immer wieder sehr kritisiert wird.

Es bleibt allerdings die Frage, ob man sie weiterhin als Ausdruck „normaler Entwicklungsphasen" ansehen will oder ob man sie in den Gesamtzusammenhang der familiären Beziehungsphantasien einordnen will. Ich bin der Meinung, daß wir heute in einer auf ökologisches Denken, also auf die Beachtung von Beziehungen ausgerichteten Wissenschaft die Verwechslung von Mutter, Frau und Tochter etc. sowohl von seiten der Männer als auch die Selbstverwechslung dieser Frauen als Grundlage des ödipalen Konflikts verstehen müssen. Entsprechend natürlich umgekehrt die Selbstverwechslung der Männer und deren Verwechslung oder Vertauschung durch die Frauen.

Die „ödipale" Phantasie beinhaltet im Prinzip, daß nicht der Vater der Mann der Mutter ist, sondern der Sohn oder auch der Vater der Mutter der „bessere" oder der „eigentliche" Mann der Mutter ist etc. Diese Vertauschung der Personen und ihrer Beziehungen in der allen Familienmitgliedern gemeinsamen Phantasie hat zur Folge, daß immer zwei oder mehr Personen denselben Platz beanspruchen (müssen). So hat keiner seinen geschützten „Lebensraum", was sich vor allem für die Entwicklung der Kinder schädigend auswirkt. Mit einer Person, die man in der Phantasie auch ersetzen könnte oder müßte (also mit dem ödipalen „Rivalen"), kann man keinen wirklichen Kontakt (zwei sich berührende Kreise) haben. Es besteht die Beziehungsstruktur des Entweder-Oder. Aber auch mit der Person, der man ersatzweise für eine andere zugeordnet ist (zum Beispiel der Sohn als Ersatzpartner der Mutter), kann man keinen „Außenkontakt" haben, denn man muß stets den Übergriff (Vereinnahmung) und auch die Entwertung fürchten, sobald man den mit der Ersatzpartnerschaft verbundenen (prinzipiell nicht erfüllbaren weil paradoxen) Auftrag nicht erfüllen kann. Die Beziehungsstruktur der Ersatzpartnerschaft bringt es außerdem mit sich, daß beide „Partner" aufgrund der beschriebenen

Grundängste stets einen gleichbleibenden Abstand zueinander einhalten müssen. Man kann sich nicht trennen und auch nicht einander annähern. Man bleibt ein Teil des anderen und hat es im gleichen Maße schwer, einen befriedigenden Kontakt zu Dritten zu finden.

In dieser Beschreibung von Beziehungsstrukturen sind unschwer die Phänomene der „Mutterbindung", des psychischen und sexuellen Mißbrauchs und vieler anderer pathologischer Erscheinungen zu erkennen. Ich halte es für eine große Chance, die Prinzipien solcher pathologischer Beziehungen und der mit ihnen verbundenen Symptome zu erkennen. Man kommt dann weniger auf die (psychotherapeutische) Idee, Eltern und Kinder oder Partner, die wie siamesische Zwillinge miteinander verwachsen sind, durch eine psychische „Operation" trennen zu wollen. Man findet andere Möglichkeiten, mit solchen Beziehungsstrukturen umzugehen.

Für den psychotherapeutischen Umgang mit „siamesischen Zwillingen" gilt im Prinzip nichts anderes als auch für jeden nicht professionellen Umgang mit solchen Beziehungsstrukturen. Ein/e gut ausgebildete/r Psychotherapeut/in hat den Vorteil, in Erfüllung seiner/ihrer beruflichen Funktion die Rolle des Dritten leichter einnehmen zu können. Und hier geht es darum, ob in diesem oder dieser Dritten ein psychischer Raum für die Alternativen zu den Elementen der „grenzenlosen" Paarbeziehung besteht oder wenigstens immer wieder „eingerichtet" werden kann.

Wenn man eine emanzipatorische Veränderung bei sich selbst und bei anderen Menschen unterstützen will, muß man sich wieder vorstellen können, welchen Zustand der Beziehungen man selbst denn wirklich möchte. Die Aufmerksamkeit auf die Unmöglichkeiten und „Fehler" der Beteiligten zu richten, bringt keine Veränderung der Grundstruktur der „Grenzenlosigkeit" mit sich, auch wenn die gefundenen „Fehler" aus einer bestimmten Perspektive durchaus vorhanden sind. Da die Suche der Fehler beim anderen ein Element der Grenzenlosigkeit ist, kann auf diese Weise das bestehende System nicht in Frage gestellt werden. Eine wirkliche Infragestellung dieses

Systems und damit eine grundsätzliche strukturelle Veränderung der Pathologie (des Leidens!) der beteiligten Personen ist nur möglich, wenn die beiseite geschobenen (unbewußt gewordenen) Wünsche und Ängste wieder auftauchen und ihren Platz in den Beziehungsphantasien aller Beteiligten wieder einnehmen.

Ich kann und will hier keine Übersicht über die Möglichkeiten und Probleme einer emanzipatorischen Paar- oder Familientherapie geben. Nur ein kleiner Hinweis mag die Richtung anzeigen, in der unter Umständen eine „Heilung" der Grenzenlosigkeit vor sich gehen kann. Dabei ist es mir immer wieder wichtig, darauf hinzuweisen, daß hier nicht Himmel und Hölle einander gegenübergestellt werden sollen. Das bliebe im System des Entweder-Oder. Die Beschreibung der „grenzenlosen" Beziehung ist ebenso wie die Beschreibung der „Beziehung in Grenzen" nur idealtypisch zu verstehen. Das heißt, daß es beide Beziehungsformen nie in „reiner" Form geben kann und wird. Auch Heilungsprozesse sind immer nur relativ kleine Bewegungen in Richtung auf glücklichere Beziehungsformen. Die Phantasie, durch Psychotherapie den „Himmel auf Erden" oder den „Traumpartner" finden zu können, ist nur eine Wiederholung der grenzenlosen Paradiesphantasie, die auch bisher immer wieder zur Enttäuschung am Leben und an den verschiedenen Lebenspartnern geführt hat.

Was also prinzipiell in einer psychoanalytischen Paar- oder Familientherapie wiedergefunden werden kann, ist der Wunsch nach *Grenzen, die Schutz bieten.* Jede emanzipatorische Veränderung muß von den Wünschen nach Befreiung aus der Gefangenschaft in den schmerzlichen Beziehungsstrukturen ausgehen. Denn kein Mensch verändert etwas in seinem Leben, wenn er in der Veränderung keinen Vorteil für sich sehen kann. Der Wunsch, *seinen* Platz in der Paarbeziehung oder in der Familie einzunehmen, kann zum Beispiel solch ein tragendes Element in einem heilsamen Veränderungsprozeß sein. Der Wunsch, das Kind der Eltern sein zu dürfen und nicht der Ersatzpartner für Vater und/oder Mutter, der Wunsch, wirklich der Mann der Frau und umgekehrt sein zu dürfen, und nicht

Ersatzmann beziehungsweise Ersatzfrau sein zu müssen, solange „bessere" Frauen und Männer nicht zur Verfügung stehen, diese Wünsche können grundsätzliche Veränderungen in den Familienbeziehungen einleiten, wenn sie bewußt und wichtig genommen werden. Dieses Bewußt-Werden und Für-wichtig-Halten geschieht zunächst im Dritten, im Therapeuten; das ist der „psychisch Beziehungsraum", der oft genug nur schwer zu halten und wieder herzustellen ist.

Die „innere Arbeit" des Dritten ist deshalb so schwer, weil die Ansteckung durch die Struktur Entweder-Oder und durch die Orientierung am anderen in grenzenlosen Systemen so wirksam ist. Der Verzicht auf die Grenzenlosigkeit ist für alle Beteiligten je nach Schwere der Beziehungsstörung oft nicht leicht. Da muß auf das Besser-Wissen (auch von Therapeuten) ebenso verzichtet werden wie auf Ratschläge und jede Art von Heilsversprechungen (mißbräuchliche Verführung). Manipulation, Zwang, Belohnung und Bestrafung sind Elemente des „grenzenlosen" Systems. Wiederholen sie sich in einem therapeutischen Prozeß, dann entsteht zumindest an diesen Stellen keine Veränderung des Beziehungssystems. Die Alternative zur Wiederholung ist die Einführung einer neuen Struktur. Diese neue Beziehungsstruktur kann zum Beispiel darin bestehen, daß man sich jetzt an den emanzipatorischen Wünschen und an den Ängsten der Personen orientiert. Eine solche bewußte Umorientierung ist eine gute Hilfe, um die Orientierung an den Kategorien richtig/falsch aufgeben zu können.

Und außerdem geht es bei jeder emanzipatorischen Veränderung auch um die *Lust an der Veränderung*. Eine gemeinsame Arbeit an der „Wiedereinrichtung" von Grenzen, die den einzelnen vor aktiven und passiven Übergriffen schützen und die Angst vor dem Ausgestoßen-Werden vermindern, kann auch sehr lustvoll sein. Die Bemühung um Resonanz für die eigenen Gefühle und Phantasien beim anderen entspricht dem Grundbedürfnis jedes Menschen, nicht alleine und nicht nur ein Teil des anderen zu sein. Es kann ausgesprochen angenehm sein, sich selbst in einer Beziehung verändern zu dürfen und die Veränderungen beim Beziehungspartner mitzuerleben –

wenn für diese Veränderungen ein geschützter (psychischer Erlebnis-)Raum zur Verfügung steht.

Die zunehmende psychische Getrenntheit ermöglicht den offenen und befriedigenden Kontakt, was prinzipiell auch die von der Grenzenlosigkeit getragenen Symptome der Beziehungserkrankung überflüssig macht. Wo die Grenzen zwischen den Personen respektiert werden, entwickelt sich allmählich eine Kultur des Fragens und des Antwortens, also eine dialektische Beziehungsform, die allerdings auch dauernd gepflegt werden muß, wenn sie nicht (wieder) zur dualistischen Beziehungsform des Entweder-Oder verkommen soll.

## Eltern und Kinder: Von der Schwierigkeit, erwachsen zu werden

„Wann wirst du endlich erwachsen?" Diesen als Frage verkleideten Vorwurf hören wir oft. Er richtet sich gegen Jugendliche, gegen Partner, ja sogar gegen Eltern, die abhängig sind von der Zuneigung, Bestätigung und Versorgung durch andere oder durch ihre Kinder. Und wir richten diesen Vorwurf auch gegen uns selbst, wenn wir befürchten, anderen Menschen lästig zu sein und uns nicht „groß und frei" fühlen, sondern abhängig und bedürftig.

Aber was beinhaltet der Vorwurf, nicht erwachsen zu sein? Welche Vorstellungen haben wir in unserer Gesellschaft eigentlich vom Erwachsen-Sein und vom Erwachsen-Werden? Und welche Vorstellungen über das Kind-Sein korrespondieren mit diesen Vorstellungen von Freiheit und Unabhängigkeit, die wir uns beim Erwachsenen phantasieren und von ihm erwarten?

### Die Entwertung des Kind-Seins

Mir scheint, daß in dem Vorwurf, nicht erwachsen zu sein, immer gleichzeitig eine Entwertung des Kind-Seins mitschwingt. Es ist gut, sich wie ein „Erwachsener" zu benehmen, es ist schlecht, wie ein Kind zu sein. Freilich sagen wir theoretisch, daß Kinder noch das Recht haben, versorgt zu werden und abhängig zu sein, Erwachsene dagegen nicht mehr. Wenn man aber genau hinsieht und die *Beziehungsebene* betrachtet, dann wird deutlich, daß der Vorwurf, abhängig und nicht selbständig zu sein, nicht nur Erwachsene trifft, sondern ebenso und in besonderer Härte auch Kinder. In einem Beziehungskonflikt zwischen Erwachsenen oder zwischen Erwachsenen und Kindern geht es immer auch darum, wer von wem abhängig ist, wer wem etwas gibt oder etwas schuldet, und wer (scheinbar) „gar nichts braucht" und deswegen „einfach gehen", den anderen einfach verlassen kann.

Bei der Beantwortung der Frage, warum es in unserer Gesellschaft so schwierig ist, erwachsen zu werden, haben wir es also mit zwei Ebenen zu tun: Es gibt die Ebene der *objektiven* Abhängigkeit der Kinder von den Erwachsenen, die einseitigen Schutz und Versorgung durch die Eltern nötig macht. Und es gibt die Ebene der *gegenseitigen psychischen* Abhängigkeit, auf der auch die Eltern in ihrem Wohlergehen von den Kindern abhängig sind. Auf dieser zweiten Ebene spielen sich die Konflikte in den Familien ab, sowohl zwischen den Eltern als auch zwischen Eltern und Kindern. In der Adoleszenz haben diese Konflikte eine spezifische Ausprägung. Ich werde darauf zurückkommen.

In dem Vorwurf, nicht erwachsen zu sein, vermischen sich beide Ebenen: „Du bist doch kein Kind mehr, jetzt sorg' endlich für dich selbst! Ich bin nicht für dein Wohlergehen verantwortlich." Diese Anklage findet man zwischen Partnern ebenso wie zwischen Eltern und Kindern. Wenn zwei Menschen sich nicht voneinander unterscheiden können, wenn sich jeder vom anderen ausgebeutet fühlt, weil die Grenzen zwischen ihnen unklar sind, dann fordert häufig der eine vom anderen Selbstverantwortlichkeit und die Übernahme von Verantwortung für andere.[2] Er will vom anderen loskommen, indem er ihm vorwirft, der andere halte ihn fest, er sei eben immer noch nicht

---

[2] Vgl. Thea Bauriedl: Auch ohne Couch. Psychoanalyse als Beziehungstheorie und ihre Anwendungen. Verlag Internationale Psychoanalyse, Stuttgart 1994.

erwachsen. Man hofft, dadurch frei zu werden, daß der *andere* einen freiläßt und wirft ihm deshalb vor, sich wie ein Kind zu benehmen. Ein Jugendlicher formulierte diese Beziehungssituation einmal so: „Wenn meine Mutter anders würde, dann könnte ich auch anders werden, aber nur dann. Meine Mutter hat mich im Griff und ich mach' den Griff nicht los. Wenn *sie* mich loslassen würde, wenn *sie* endlich erwachsen wäre, könnte ich mich anders verhalten."

Dieser Jugendliche wiederholt unbewußt den Vorwurf, den ihm seine Mutter in ihrem Erleben und Verhalten schon seit seiner Geburt gemacht hat: „Wenn das Kind erwachsen wäre, mich nicht ständig bräuchte, könnte ich mich anders verhalten." Obwohl oder weil diese Mutter gerade ganz besonders fürsorglich war, wurde dieser Vorwurf auf der (unbewußten) Beziehungsebene wirksam – und vom Kind unbewußt verstanden. Solche schwer lösbaren Verklammerungen zwischen Eltern und Kindern zeigen die Symmetrie der Vorwürfe und die oft lebenslangen Wiederholungen der Szenen mit wechselnden Rollen. Der Vorwurf, nicht erwachsen zu sein, und das Warten auf das Erwachsen-Werden des Beziehungspartners oder der Beziehungspartnerin spiegelt die *Entwertung der Abhängigkeit und damit auch die Entwertung der Kinder* in unserer Gesellschaft wider, wie sie in den persönlichen Beziehungen von Generation zu Generation weitergegeben wird. Kindern wirft man zwar meistens nicht explizit vor, daß sie Kinder sind – das würde die Absurdität des Vorwurfs allzu deutlich werden lassen –, aber man wirft ihnen explizit oder implizit vor, daß sie *da* sind und daß sie abhängig sind, daß sie einen brauchen.

Wegen der objektiv einseitigen Abhängigkeit des Kindes von den Eltern wird das Kind in zerstörten Beziehungsstrukturen zum jederzeit verfügbaren „Mülleimer" der elterlichen Bezugspersonen. Alles, was die Eltern an „Schlechtem" aus sich herausstoßen müssen, nimmt es auf, muß es aufnehmen, um auch für sich die Luft zu „reinigen", um Eltern zu haben, die sich selbst gut fühlen, wenn auch auf Kosten des Kindes, das sich bereitwillig schuldig fühlt für die Probleme, Ängste und Konflikte der Eltern. Wenn die Eltern als Kinder selbst nichts anderes erfahren haben, erleben und verwenden sie ihre eigenen Kinder als Teile von sich selbst, als Verfügungsmasse, mit der sie umgehen können, wie es ihnen beliebt. In ständiger Grenzüberschreitung werden Kinder so zum Ausbalancieren der Unsicherheiten ihrer Eltern mißbraucht. Als Menschen mit eigenen Bedürfnissen und eigenem Lebensrecht werden sie mißachtet. Unsere kollektive Phantasie heißt allzu oft: „Wären sie nicht Kinder, dann würde ihnen das nicht geschehen. So geht es eben Kindern, so ging es uns auch." Nicht jeder Elternteil rechtfertigt sich mit der Behauptung: „Uns hat es auch nicht geschadet", aber viele Eltern sind hilflos: Weil sie schon als Kinder ihre körperlichen und vor allem ihre psychischen Schmerzen verdrängen mußten, können sie auch als Eltern die Schmerzen ihrer Kinder nicht erleben und noch viel weniger einen Ausweg aus der permanenten Selbstentwertung und damit auch aus der Entwertung ihrer Kinder finden.[3]

Aus dieser Szene, die jedes Kind mehr oder weniger trifft, resultieren die Beziehungsprobleme seines späteren Lebens. In unterschiedlichem Ausmaß, aber doch prinzipiell ähnlich entsteht in jedem Kind in der Szene, in der es für die Mutter und/oder für den Vater eine psychisch erlebte Überlastung darstellt, ein Selbstbild, das durch Wertlosigkeitsphantasien bestimmt ist: „Ich bin überflüssig, störend, wertlos, weil meine *Gefühle und Wünsche* von den Eltern nicht auf- und angenommen werden können – ich bin zu schwer für meine Eltern."

In seiner großen Anpassungs- und Lernbereitschaft identifiziert sich jedes Kind mit den Eltern. So lernt es, was richtig und was falsch ist, welche Gefühle und Wünsche zulässig und welche störend sind. Es hält von vornherein die Erlebens- und Verhaltensweisen der Eltern für „richtig", denn es ist darauf angewiesen, von ihnen zu lernen. Wenn die Eltern von ihrer psychischen Struktur her einen von ihnen selbst unterschiedlichen und psychisch getrennten Menschen kaum aushalten können, dann hält sich das Kind im gleichen Maß für „falsch", wenn es

---

[3] Vgl. Thea Bauriedl: Wege aus der Gewalt. Analyse von Beziehungen. Herder, Freiburg 1992.

ein von den Eltern unterschiedliches Gefühl hat, oder „in Gefahr ist", eine eigenständige Meinung zu entwickeln. Lebenslang wird es Probleme haben, wenn es in Konflikte gerät, die ihm schon deswegen Angst machen, weil es mit seiner Meinung von der Meinung anderer Menschen abweicht und deshalb dazu tendiert, sich selbst, identifiziert mit diesen anderen, für „falsch" und minderwertig zu halten.

Hier beginnt die tiefe Resignation von psychisch kranken Menschen, prinzipiell aber die je nach psychischer Gesundheit unterschiedlich stark ausgeprägte psychische Resignation jedes Menschen, auch wenn die Ablehnung durch seine frühen Bezugspersonen verschleiert und an der Oberfläche ins Gegenteil verkehrt wurde. Und hier beginnt auch der ständige psychische (Überlebens-)Kampf. Man versucht, *trotzdem* wertvoll zu sein, indem man die Funktionen und Rollen erfüllt, in denen man für die Eltern ersatzweise wertvoll sein konnte: „Wenn ich so nicht ‚passe', wie ich bin, dann muß ich mich eben passend machen." Das so entstehende „falsche Selbst" ist ein Produkt des Kampfes ums psychische Überleben eines jeden Menschen. Es hilft ihm, zu „passen" und ersatzweise geliebt oder angenommen zu werden. Aber es hat auch die Abspaltung von Gefühlen und Wünschen zur Folge, die dann wiederum bei den eigenen Kindern nicht ertragen werden können. So werden die Beziehungsstörungen von einer Generation an die nächste weitergegeben. Immer wieder werden Kinder wie gierige Monster erlebt, vor deren Gefühlsäußerungen man sich fürchtet und deren Ansprüche an Schutz, Verständnis und Versorgung Eltern überfordern, Eltern, die als Kinder selbst keine anderen Szenen erlebt haben, Eltern, die zwangsläufig ihre eigenen „psychischen Lebensbedingungen" an ihre Kinder weitergeben: „Nur wenn du so bist, wie ich dich aushalten kann und wie ich dich brauche, kannst du von mir angenommen werden."

### Der Glaube an den Fortschritt
Aber die Entwertung der Kinder und der Kindheit hat auch einen kulturellen Hintergrund. Unsere Kultur lebt wesentlich vom *Glauben an den Fortschritt*. Das drückt sich auch in unse-

ren persönlichen und sogar in unseren wissenschaftlichen Theorien über die kindliche Entwicklung aus. Nicht nur die meisten Eltern beurteilen ihre Kinder danach, was sie „schon alles können", auch die Psychologie und die Psychoanalyse haben Entwicklungstheorien aufgestellt, die sich vorwiegend darauf konzentrieren, was *das* (normale) Kind in welchem Alter schon kann. Diese „normalen" Entwicklungsschritte beziehen sich nicht nur auf bestimmte Fähigkeiten, die ja wirklich bei „normaler" Entwicklung mit dem Alter und den Lernerfolgen zunehmen, sondern auch auf die intrapsychische Dynamik, die sich mit fortschreitendem Alter „zum Besseren" verändern soll.

So ging man in der psychoanalytischen Entwicklungstheorie lange Zeit davon aus, daß *das* Kind in den ersten Monaten seines Lebens eine „symbiotische" (psychisch ungetrennte) Beziehung zu seiner Mutter hat, die sich dann in verschiedenen Trennungsschritten in eine eigenständigere Position verwandelt. Das „Erwachsen-Werden" des Kindes wurde vielfach als ein Herauswachsen aus der Abhängigkeit beschrieben. Dabei wurden häufig die beiden Ebenen verwechselt oder gleichgesetzt: die Ebene der objektiv einseitigen Abhängigkeit des Kindes von der Mutter und die Ebene der jeweils subjektiv gegebenen gegenseitigen Abhängigkeit zwischen Mutter und Kind. Zusätzlich blieben oft auch der Vater und damit die wechselseitigen Abhängigkeiten im Dreieck unbeachtet.

Die frühe Mutter-Kind-Beziehung wurde pathomorph beschrieben, also ähnlich einem pathologischen Zustand. Man sah nicht, daß die *gegenseitige* Abhängigkeit von Beginn des Lebens an existiert und lebenslang ein Grundelement aller Beziehungen bleiben wird. Man übersah, daß nicht diese Abhängigkeit, sondern der Kampf gegen sie in zwischenmenschlichen Beziehungskonflikten zum Problem wird. So konnte man auch nicht sehen, wie fast regelmäßig jedem Kind von seinen Eltern aufgrund von deren subjektivem Überlastungsgefühl auf der Beziehungsebene seine objektive Abhängigkeit vorgeworfen wird.

Dies hatte aus meiner Sicht mit dem impliziten Fortschrittsglauben zu tun, der sich auch in unserer Theoriebildung ausgewirkt hat: Wir glaubten – und glauben zum Teil noch –, daß es im Lauf der (gesunden) Entwicklung mit dem Kind „immer besser wird", und daß dementsprechend krankhafte Zustände auf ein Hängenbleiben an bestimmten Stellen auf der „normalen" Entwicklungsleiter zurückzuführen sind. Dieser Fortschrittsglaube hat erstaunlicherweise immer zwei Seiten: Die eine Seite heißt: „Was später kommt, ist immer besser als das, was früher war", und die andere Seite heißt: „Früher war alles viel besser".

So findet sich auch in den verschiedenen Entwicklungstheorien neben der Erwartung des Fortschritts – und neben dem Zwang zum Fortschritt – immer auch die Phantasie vom verlorenen Paradies. Das Paradies ist also zeitlich immer sowohl in der Zukunft zu finden als auch in der Vergangenheit; es muß erreicht werden und es mußte verlassen werden. Das Hier und Jetzt des Erwachsenen-Lebens ist ein mühseliger Zustand nach und vor paradiesischen Zuständen, in denen die Versorgung und die Verschmelzung in der Einheit mit dem „Großen Ganzen" (mit der Mutter, mit Gott u.ä.) noch bestand beziehungsweise erreicht werden soll. Als Kinder, so phantasieren wir, hatten wir noch das Recht auf Versorgung. Als Erwachsene haben wir dieses Recht verwirkt, vielleicht weil wir wie Adam und Eva ungehorsam waren und die Sexualität entdeckten. Durch Arbeit „im Schweiße unseres Angesichts", so hoffen wir, könnten wir das Recht auf die totale Versorgung wiedergewinnen. Als Lohn der Anpassung an unsere Leistungsgesellschaft und an die Forderungen der Eltern versprechen wir uns ein zukünftiges Recht auf Versorgung. Wer genügend bezahlt hat, wer „brav" genug war, der erwirbt sich schließlich das Recht auf die totale Geborgenheit und Zufriedenheit. – Aber auch die Umkehrung ist ein Element unserer Kultur: „Wenn ihr nicht umkehret und werdet wie die Kinder, so werdet ihr nicht ins Himmelreich kommen"[4]. Den Kindern, die „glauben" und „sich selbst erniedrigen", wird in der Bibel das Himmelreich versprochen, nicht denen, die „sich selbst erhöhen".

---

[4] Matthäus 18,3.

Unsere Entwicklungstheorien sind in diesem kulturellen Feld der Paradiessuche entstanden. Sie repräsentieren das Übergewicht der Frage: „Bist du richtig?" gegenüber der Frage „Wie geht es dir?" Erwachsen zu werden ist gleichzeitig ein Muß, verbunden mit der Verheißung von Unabhängigkeit und Freiheit, und eine Strafe für den Wunsch nach Eigenständigkeit. Diese Paradoxie entspricht dem Wunsch der meisten Eltern (und entsprechend auch der Kinder), daß die Kinder einerseits möglichst schnell erwachsen werden sollen und dies selbst auch wollen. Weg von der Abhängigkeit, hin zur Selbständigkeit.

Andererseits finden sich in den Beziehungskonflikten der Ablösungsphase besonders deutlich auch Ängste – sowohl bei Eltern als auch bei Jugendlichen – Ängste vor dem Zwang zur Selbständigkeit. Hier bedeutet Selbständigkeit nicht selten Einsamkeit für beide Teile. Zwischen beiden Ängsten schwanken die Beteiligten hin und her: Zwischen der Angst vor dem Verlassen-Werden und der Angst vor dem Gebunden- und Verpflichtet-Bleiben. Auch wenn diese Ängste und Wünsche „mit verteilten Rollen" gespielt werden und es so aussieht, als wollten die Jugendlichen immer nur „weg" und als ließen die Eltern sie immer „nicht gehen", scheint es mir in der therapeutischen Arbeit wichtig, diese Polarisierung in meiner eigenen Sicht des Konflikts aufzuheben. Ich kann dann die *ambivalenten* Wünsche und Ängste bei Jugendlichen und bei deren Eltern sehen und so eine Lockerung der gegenseitigen Verklammerung beziehungsweise die *psychische* Trennung unterstützen.

Wenn die *gegenseitige* Abhängigkeit wieder akzeptiert werden kann, wenn keiner von beiden mehr „erwachsen" werden *muß*, ist die psychische Trennung möglich. Gleichzeitig ist es mir wichtig, die sich von Generation zu Generation wiederholende *Szene* in der jeweiligen Familie immer auch als Ausdruck unserer gesellschaftlichen Phantasien und Ambivalenzen zu verstehen.

## Die Relativierung des Fortschrittsglaubens durch Beziehungsanalyse

Durch die Säuglingsbeobachtung wurden die psychoanalytischen Entwicklungstheorien in letzter Zeit teilweise in Frage gestellt.[5] Man beobachtete die Interaktionen zwischen Mutter und Kind schon von den ersten Lebensminuten an. Dadurch erweiterte sich der Blick auf die „Symbiose" im Sinne des *Zusammenlebens zweier voneinander getrennter* Individuen. So sah man im experimentellen Raum das, was man auch im familientherapeutischen Setting sehen kann und was ich in verschiedenen Veröffentlichungen seit 1980 beschrieben habe: ein Netz von Beziehungsstrukturen zwischen den Familienmitgliedern, an dem der Säugling schon ab dem Zeitpunkt seiner Zeugung (aufgrund der Phantasien seiner Eltern) beteiligt ist und als agierende und reagierende Person gesehen werden muß[6].

Aus dieser Perspektive wird die Frage: „Wie geht es dem Säugling?" wieder mindestens ebenso wichtig wie die Frage: „Was kann der Säugling schon?" Die zweite Frage, die Frage nach dem Entwicklungsfortschritt, wird in jedem Einzelfall in ihrer *Bedeutung* im familiären Feld untersucht. Wenn man wissen will, wie es dem Säugling geht, muß man auch danach fragen, welche Bedeutung die Frage nach dem Entwicklungsfortschritt jeweils hat: Wird sie von dem Motiv getragen: „Wann ist das Kind erwachsen und braucht mich nicht mehr, wann kann ich stolz auf das Kind sein?", oder bedeutet sie: „Wie geht es ihm? Können wir uns gemeinsam an seinen Entwicklungsschritten freuen, die es selbst mit Lust erlebt?"

Wenn man die kindliche Entwicklung aus psychoanalytisch-familiendynamischer Sicht betrachtet, dann sieht man neben

---

[5] Vor allem Daniel N. Stern: Die Lebenserfahrung des Säuglings. Klett-Cotta, Stuttgart 1992.
[6] Thea Bauriedl: Beziehungsanalyse. Das dialektisch-emanzipatorische Prinzip der Psychoanalyse und seine Konsequenzen für die psychoanalytische Familientherapie. Suhrkamp, Frankfurt/M. 1980. Und: Thea Bauriedl: Die Wiederkehr des Verdrängten. Psychoanalyse, Politik und der einzelne. Piper, München 1986. Und: Thea Bauriedl: Auch ohne Couch. Psychoanalyse als Beziehungstheorie und ihre Anwendungen. Verlag Internationale Psychoanalyse, Stuttgart 1994.

den durchschnittlich zu erwartenden Reifungs- und Lernfortschritten vor allem die *familiären Beziehungsstrukturen*, in denen sich beim einzelnen Kind diese Veränderungen vollziehen und die die Reifungs- und Lernfortschritte wesentlich beeinflussen. Das Kind lebt nicht für sich alleine; es lebt mehr oder weniger immer auch für seine Eltern, weshalb alle Veränderungen seiner körperlichen und geistigen Fähigkeiten immer auch eine spezifische *Bedeutung* für das Kind in seinem Familiensystem haben. Dieses Familiensystem kann wegen der verschiedenen Ersatzpartnerschaften zwischen Eltern und Kindern stark von Doppelbindungen geprägt sein, was zur Folge hat, daß jede Veränderung oder Nicht-Veränderung sowohl „gut" als auch „schlecht" für die Eltern ist. Eine allgemeine Lähmung des Kindes und seiner Aktivitäten wie auch seiner Entwicklungsschritte ist die Folge, die sich natürlich ganz besonders auf die Ablösungsprozesse in der Adoleszenz auswirken.

Die beziehungsanalytische Familientheorie, die diesen Ausführungen zugrunde liegt, kann ich hier nicht darstellen.[7] Nur kurz hier noch einmal zum Begriff der *Ersatzpartnerschaft*: In allen Familien bestehen mehr oder weniger ausgeprägte „vertikale Ehen", das heißt, daß die Kinder versuchen (müssen), Vater und Mutter das zu ersetzen, was diese voneinander nicht bekommen können. Die Kinder müssen und dürfen in bezug auf die jeweils unbefriedigten Wünsche der Eltern aneinander „besser" sein als der jeweils andere Elternteil. Neben vielen anderen Konsequenzen hat dies zur Folge, daß zwischen Eltern und Kindern mehr oder weniger unlösbare Bindungen entstehen, die durch Doppelbindungen gekennzeichnet sind. Das Kind soll zum Beispiel immer verfügbar sein, aber den Elternteil nie beanspruchen; es wird gleichzeitig immer gebraucht und ist immer lästig.

Wenn ich oben von „Verklammerung" sprach, dann meinte ich die Beziehungsstruktur, die gerade in der Adoleszenz besonders deutlich wird: Als würden Eltern und Kinder anein-

---

[7] Vgl. auch Kapitel 1.

ander kleben, so kämpfen sie miteinander, gegeneinander und umeinander, um diese Beziehungsform gleichzeitig aufzuheben und auch beizubehalten. Beide Seiten klammern sich an und stoßen sich ab. Das Problem liegt nicht nur darin, daß die Eltern die Kinder nicht loslassen können, sondern es liegt in der *Beziehungsstruktur*, die beide seit Beginn ihrer Beziehung entwickelt haben und die jetzt so schwer zu verändern ist.

**Anpassung in der Kindheit – Revolution in der Adoleszenz**

Fast in jeder Familie treten in der Adoleszenz der Kinder manifeste oder latente Ablösungskonflikte auf. Je stärker der Anpassungsdruck in der Kindheit war, desto schwieriger ist die Phase des Erwachsen-Werdens – zumeist für Kinder *und* Eltern. Aus meiner Sicht sind die Probleme und Möglichkeiten der Adoleszenz nicht ohne den Zusammenhang mit dem bis dahin durchlaufenen Lebensabschnitt verständlich. Das hat nichts mit einer stereotypen Festlegung jedes Menschen auf seine Kindheit zu tun, wie ein Vorwurf gegenüber der Psychoanalyse oft lautet. Es geht vielmehr um ein Verständnis der jeweiligen Person als historisches Wesen. Das geschichtliche Verständnis des Menschen bietet zudem die Chance, aus dem Dilemma wechselseitiger Schuldzuschreibungen herauszufinden und die heutigen Erlebens- und Verhaltensweisen als bestmögliche, in der persönlichen Geschichte gefundene Kompromißbildungen zu erkennen. Das Wiedererleben oder das erstmalige Erleben von lange verdrängten Schmerzen ermöglicht dann auch prinzipiell den Ausstieg aus dem Zwang zur Wiederholung der immer gleichen Szenen.

Die eben angesprochenen Kompromißbildungen bilden sich in den Kindern, während sie „erzogen" werden. Die meisten Eltern und Erzieher sehen als Ziel ihrer Bemühungen die Anpassung und Einordnung der Kinder in das System der Erwachsenen. Diese Funktion der Erziehung ist durch die biologische und soziale Abhängigkeit der Kinder von ihren Eltern vorgegeben. In diesem Sinn ist Erziehung Hilfe und Zwang zugleich. Die Einordnung und die Hilfe bei der Einordnung sind nötig und aus meiner Sicht nicht von vornherein schädlich. Aber die *Bedingungen*, unter denen unsere Kinder in die menschliche Gemeinschaft (nur) aufgenommen werden, sind teilweise so, daß die Kinder große Teile ihrer Selbst in sich beiseite schieben oder vernichten müssen, um zu „passen". Den Fortschritt oder Erfolg in der Erziehung sehen die meisten Eltern darin, daß ihre Kinder „richtig" denken können und „vernünftig" sind. Dieses „richtige" Denken und Vernünftig-Sein bedeutet aber zumeist nichts anderes als die Übernahme der Überzeugungen und Werthaltungen der Eltern.

Was wir als die *Spaltung in Ratio und Emotion* bei uns selbst und bei den meisten Mitmenschen wahrnehmen, entwickelt sich in den Beziehungsstrukturen der Kindheit. Wo die Beziehungsstruktur des Entweder-Oder herrscht, sind immer nur die Gefühle und Bedürfnisse der einen Person „richtig" und „wichtig", die der anderen sind „falsch" oder störend. Also werden hier auch die Gefühle und Bedürfnisse des Kindes von den Eltern zumeist als störend erlebt. Weil die Eltern aufgrund ihrer inneren Beziehungsstruktur glauben, sich jeweils immer sofort nach den Bedürfnissen des Kindes richten zu müssen und dabei auf die Wahrnehmung der eigenen Gefühle und Bedürfnisse verzichten zu müssen, muß das Kind möglichst schnell „vernünftig" werden, das heißt: seine eigenen Gefühle nicht mehr beachten. „Vernünftig" zu sein bedeutet nichts anderes, als die Wünsche und Ängste der Eltern jeweils vorauszuahnen und so zu denken und zu handeln, daß die Eltern möglichst wenig Konflikten ausgesetzt werden, die sie nicht ertragen könnten.

So muß das Kind lernen, keine Schmerzen zu fühlen, oder seine Schmerzen nicht für wahr oder nicht für wichtig zu halten. Es muß lernen, seine Tränen zu unterdrücken, und die zwischen ihm und den Eltern nicht austragbaren Konfliktszenen *in sich selbst zu beherrschen*. Es muß lernen, „Realität" und „Phantasie" zu unterscheiden, wobei die Realität das ist, was die Eltern für real halten. Und es muß lernen, sich „adäquat" zu verhalten. Was adäquat ist, hat allzu oft nichts mit seiner eigenen Gefühlswelt zu tun. „Adäquat" und „angepaßt" wird es später vielleicht erfolgreich andere Menschen „managen" – als Psychotherapeut, als Lehrer, als Politiker oder in anderen Funktionen der „Menschenführung" – und dabei nicht mehr spüren können, was sein Tun mit seinen Gefühlen zu tun hat.

Zumeist lernen wir auch schon als Kinder, Schuld zu übernehmen anstatt Schmerzen zu spüren. In bestimmten Beziehungssystemen gilt es als „erwachsen", wenn man nicht oder nicht mehr dazu tendiert, andere zu beschuldigen, sondern das Problem oder den Fehler bei sich selbst sucht. Auch hier wird der Ausdruck der wirklichen eigenen Gefühle, insbesondere der Ausdruck von Schmerz, als Vorwurf verstanden, da jeder glaubt, nur für die Gefühle und das Wohlbefinden des anderen verantwortlich zu sein. „Vernünftig" und „erwachsen" ist es in diesem System also, nicht nur keine Gefühle mehr zu fühlen und auszudrücken, sondern auch jeweils die Schuld an einem Konflikt allein in der eigenen Person zu suchen.

Auch diesen „Erziehungsfortschritt" kann man in therapeutischen Überlegungen über die anzustrebende Gesundheit finden. „Erwachsen" oder „gesund" ist demnach derjenige, der die Ursache seiner Probleme bei sich selbst sucht und nicht bei anderen, geschweige denn beim Therapeuten. Nicht selten verfolgen Therapeuten wie Eltern die Strategie, jeden (psychischen oder psychosomatischen) Schmerz des Patienten auf diesen selbst zurückzuführen, wenn nicht unter der Devise „selbst schuld", dann doch unter der Frage: „Was ist da wohl bei Ihnen falsch?" Und die meisten Patienten stimmen dieser Wendung bereitwillig zu, haben sie doch schon als Kinder erfahren, daß es weniger schmerzhaft ist, sich selbst zu beschuldigen als den Schmerz trauernd zu erleben und sich gegen die Ursachen des Schmerzes zu wehren, vor allem wenn da kein Mensch ist, der den Schmerz mitfühlend ertragen kann und die Reaktion auf den Schmerz als solche akzeptiert.

Die Schuldphantasie als Schutz gegen Schmerzen und Trauer entwickelt sich beim Kind in Szenen, in denen es – etwa bei einem (kleinen) Unfall – für seine Schmerzen selbst verantwortlich gemacht wird: „Du bist selbst schuld; hättest du besser aufgepaßt." Um nicht am Unglück des Kindes schuld zu sein, laden die Erwachsenen ihre eigenen Schuldgefühle auf die Kinder ab, die auf diese Weise lernen, daß es „vernünftig" und „erwachsen" ist, die Schuld bei sich selbst zu suchen. So wird die Selbst- und Fremdbeschuldigung zum bleibenden Panzer gegen den Schmerz.

Diese Vorgänge sind in unterschiedlichem Ausmaß in allen Familien zu beobachten – bis die Kinder in die Pubertät kommen. Hier entscheidet sich, ob das familiäre Beziehungssystem, das die Kinder bis dahin zwangsläufig in sich aufgenommen haben, von ihnen in Frage gestellt werden kann, oder ob es geradlinig, vielleicht mit umgekehrten Vorzeichen, von ihnen fortgesetzt wird. Die Pubertät und die Jahre der Adoleszenz sind aus meiner Sicht die entscheidenden Lebensphasen, in denen die größten Chancen bestehen, sich eine neue, gegenüber der bisher erworbenen differenziertere Beziehungsstruktur zu erarbeiten. Leider haben Psychologie und Psychotherapie lange Zeit diese Phase der potentiellen Veränderung zu wenig wahrgenommen und auch die in dieser Zeit gegebenen Chancen zu wenig genützt. Das mag unter anderem daran liegen, daß Jugendliche in ihrer Absetzbewegung von den Erwachsenen zumeist auch jede psychologische oder psychotherapeutische Hilfe ablehnen. Wer sich abgelehnt fühlt (Eltern, Psychotherapeuten), hält den, der ihn ablehnt, nicht für veränderungsbedürftig und veränderungsfähig, sondern für starr und bockig.

Und doch könnten wir gerade bei den „problematischen" Jugendlichen einen *Notschrei* vernehmen, der zum Beispiel heißt: „Ich kann und will nicht mehr der Schuldabladeplatz für meine Eltern sein!" Oder: „Ich will endlich groß sein, weil ich dann wertvoll bin wie die Erwachsenen und alles kann und darf!" Oder: „Ich habe schreckliche Angst vor dem Erwachsen-Werden, denn Erwachsene *müssen* alles können; sie dürfen nicht weinen und unsicher sein." Um aus der Not der Kindheit auszubrechen, erscheint ihnen häufig nur das Gegenteil der bisherigen Unterwerfung als einziger möglicher Weg. Sie kehren die Szenen um und machen in mehr oder weniger gewalttätiger Weise jetzt die Eltern oder eventuell Mitglieder von

Randgruppen in der Gesellschaft zu Opfern derselben Szenen, die sie bisher als Opfer erlebt und in sich aufgenommen haben. Oder sie führen einen inneren Kampf gegen das Erwachsen-Werden, da sie fürchten, weiterhin und jetzt ganz besonders den Übergriffen ihrer Bezugspersonen ausgeliefert zu sein. Da nicht selten die Väter, aber auch die Mütter durch die körperliche Entwicklung der Kinder in der Pubertät zu sexuellen Phantasien angeregt werden, ziehen es viele Jugendliche vor, sich mit dieser Entwicklung zu verstecken, beziehungsweise sie bewußt oder unbewußt möglichst zu behindern.

**Wie gehen wir mit Jugendlichen um?**
Wie gehen wir mit diesen Notschreien der Jugendlichen um? Daß dieselben Eltern, die bisher in scheinbar gesicherten Beziehungsstrukturen mit ihren Kindern zusammengelebt haben, nicht selten überfordert sind, wenn sie jetzt die Chance ergreifen sollen, sich mit diesen Kindern *zusammen* zu verändern, ist nicht erstaunlich. Aber wie reagieren wir psychologischen Berater und Psychotherapeuten, wie reagiert „die Gesellschaft" auf die besonderen Schwierigkeiten der Jugend beim Übergang zum Erwachsen-Sein? Setzen wir den Glauben an den Fortschritt und den Zwang zum Fortschritt in unseren Beratungen und Therapien fort, oder stellen wir die Ideologie der Paradiessuche und der Paradiesversprechen bei den Jugendlichen und in einem gemeinsamen Prozeß mit ihnen zusammen in Frage?

Ich möchte einige Beispiele für die Wiederholung der problematischen Beziehungsstrukturen und Phantasien im Umgang mit Jugendlichen anführen, in die wir Erwachsene immer wieder hinein geraten. Es geht mir nicht darum, diese szenischen Wiederholungen als Fehler zu identifizieren; vielmehr möchte ich darauf hinweisen, wie wichtig und hilfreich es sein kann, die *Wiederholungen* der pathologischen und pathogenen Szenen (auch in der Beratung oder Psychotherapie) zu erkennen und damit umzugehen.

Die Beispiele beziehen sich nicht nur auf die Therapie von Jugendlichen. Sie sollen auch erkennbar machen, daß unser Handeln in Beratung und Therapie in einem gesellschaftlichen

Kontext stattfindet, den wir entweder wiederholend bestätigen oder durch unser Spüren, Erkennen und Handeln kritisch in Frage stellen.

Da ist zunächst der *Fortschrittsglaube in der Therapie*. Fast alle Patienten haben die Phantasie, daß am Ende der Therapie alles „richtig" und „gut" sein muß mit ihnen. Nicht wenige Therapeuten teilen diese Phantasie, die sie erst dann in Frage stellen, wenn sie selbst und nicht mehr nur der Patient durch die Vorstellung, alles „reparieren" zu müssen, unter Leistungsdruck geraten. Nach dem bisher Gesagten sind diese Phantasie und der Druck, in der Therapie und durch die Therapie „richtig" werden zu müssen und zu können als direkte Wiederholung der Erziehungsphantasien bei Eltern und Kindern erkennbar: Der Therapeut weiß, was richtig und gut und gesund ist, er weiß auch den Weg dorthin, und der Patient oder Klient läßt ich willig führen. Er versucht, sich in die Erwartungen des Therapeuten einzufühlen, wie einst in seine Eltern, und erwartet sich die Belohnung für diese Anpassungsleistung in Form von paradiesischen Zuständen, die, wie wir schon sahen, nur um einen hohen Preis zu erkaufen sind. Je schwerer die Störung, desto ausgeprägter sind die Paradiesphantasien und der Wunsch, schließlich „unfehlbar" oder auch „allmächtig" aus der Therapie hervorzugehen.

Die Wiederholung der Anpassung auf höherem Niveau, diesmal wirklich mit dem Ergebnis der Unangreifbarkeit, entspricht der tiefen Sehnsucht vieler Menschen, die sich bisher in ihrem Leben nur immer selbst demütigen mußten, um „richtig" zu werden. „Sieger" wollen sie endlich sein, und nicht wenige Therapiemethoden bieten an, sie darin zu unterstützen und sie in kurzer Zeit in die Rolle derer zu versetzen, von denen sie bisher entwertet wurden. Die *Struktur* der bisher erlebten Szenen wird dadurch nicht verändert, aber die Position wird vertauscht: Wenn man früher immer „unten" war, versucht man jetzt immer „oben" zu sein – „gut drauf", wie die Jugendlichen sagen.

Für Jugendliche ist ein solches Therapieangebot, sie zu Siegern zu machen, einerseits konform mit ihren altersbedingten

Wünschen, aus der Abhängigkeit, Bedürftigkeit und Unterlegenheit auszubrechen. Nicht selten wehren sie sich trotzdem gegen psychotherapeutische Hilfe, weil sie das alles „selber machen" wollen und weil sie in hochgradiger Ambivalenz gleichzeitig Angst haben vor den Wünschen, Sieger zu sein, und vor den Wünschen, abhängig und versorgt zu sein. Sieht man nur die eine Seite dieser Ambivalenz, dann wird man es immer mit der Gegenseite zu tun bekommen.

Es ist nicht leicht, die Dramatik dieser Entwicklungsphase in sich *haltend aufzunehmen* und mit ihr umzugehen, ganz besonders, wenn man sich aufgrund dieser Ambivalenz und der daraus folgenden Double-Bind-Beziehung[8] bei jedem Schritt abgelehnt fühlt, den man zu tun versucht. Als Helfer oder Helferin erlebt man genau die Szenen und die Rollen, in der sich der oder die Jugendliche als Kind befunden hat. Und man steht vor der Frage (des Jugendlichen), ob und wie man diese Szenen verändern kann. Die – zumeist unbewußte – Hoffnung der Jugendlichen besteht darin, daß sie in ihrem Gegenüber erleben können, wie es möglich ist, aus der Sprachlosigkeit in das Gespräch überzugehen. Sie hoffen, daß das Gegenüber in dieser Szene *nicht* untergeht, auch wenn es an der Oberfläche so aussieht, als wollten sie nur dies erreichen.

Diese emanzipatorischen Wünsche sind bei Jugendlichen besonders stark, oftmals allerdings auch besonders gut versteckt. Man macht die Chancen in dieser Lebensphase zunichte, wenn man den Jugendlichen nur empfiehlt, nicht mehr an das Schlechte, sondern nur noch an das Gute zu denken oder, „auch einmal laut zu werden", oder die narzißtische Position des Überlegenen aufzugeben. Man hilft ihnen auch nicht, wenn man versucht, sie aus ihren Minderwertigkeitsgefühlen „heraus zu loben". Was sie brauchen, ist ein Versuch, Kontakt aufzunehmen. „Reden statt retten oder strafen", das ist die Formel, die ich mir vor Augen halte, wenn es darum geht, Jugendlichen aus den sich wiederholenden Szenen der Selbst- und Fremdzerstörung herauszuhelfen, in denen sie abhängig sind

---

[8] Vgl. das erste Kapitel.

von Drogen aller Art, auch von der Droge „Gewalt gegen Schwache".

Die übliche Formel „helfen statt strafen" definiert noch nicht die *Art* der Hilfe, die gemeint ist. Allzu leicht geraten wir als Helfer/innen im direkten Kontakt mit den Jugendlichen in die Position der „guten" Mutter, die sie gegen den „bösen" strafenden Vater verteidigt und schützt. Das ist auch oft die einzige Hilfe, die sie „allenfalls gnädig" anzunehmen bereit sind, weil sie erfüllt sind von der Angst, abgelehnt zu werden und diese Angst scheinbar nur durch den „Beistand *gegen* jemanden" beruhigt werden kann. So helfen wir ihnen *gegen* etwas, gegen die Eltern, gegen die Gesellschaft, gegen die Droge, gegen das Böse schlechthin, das sie gewöhnt sind, in sich zu vermuten, und versuchen, außen zu bekämpfen. Diese Art der Hilfe wiederholt oft nur die Szenen aus der Kindheit, vielleicht auch die Szenen aus der Kindheit der Helfer/innen. Sie erspart dem/der Helfer/in die verzweifelte Wut der Jugendlichen, aber sie ändert oft nur wenig an der Szene der Selbst- und Fremdentwertung.

Prinzipiell können wir an dieser Szene nur etwas verändern, wenn wir als Eltern, Berater, Therapeuten und als politische Menschen beginnen, uns selbst in unserer Funktion ernst zu nehmen. Die psychischen Schäden bei den Jugendlichen entstanden dadurch, daß sie weder in der Familie noch in der Gesellschaft wirkliche *Eltern* hatten. Würden wir unsere Position als Eltern einnehmen, dann könnte gleichzeitig ein Raum für unsere Kinder und Jugendlichen entstehen, in dem diese so sein können, wie sie sind, in dem sie von ihren wirklichen Gefühlen ausgehen könnten und mit diesen Gefühlen die Eltern erreichen können. Nur wenn die Eltern emotional erreichbar sind, können sie von den Jugendlichen „losgelassen" werden. Wer kein Kind sein konnte, kann auch nicht erwachsen werden oder erwachsen sein.

Wir Helfer/innen haben nicht selten Schuldgefühle deswegen, weil wir jetzt erwachsen im Sinne von „oben" sind. Diese Schuldgefühle entsprechen den Schuldgefühlen, die wir als Kind hatten, *weil* wir Kinder waren. Aufgrund solcher Schuldgefühle nivellieren und verschleiern wir dann den Unterschied zwischen den Jugendlichen und uns, wodurch der Lebensraum für *beide* verlorengeht. Die Entwertung der Kinder und Jugendlichen hört nur dort auf, wo die Selbstentwertung der Eltern, Berater, Therapeuten, Lehrer und anderer Erwachsener aufhört und damit gleichzeitig der Generationenunterschied anerkannt wird. Nur wenn man seinen *eigenen* Platz im Leben und in der Gemeinschaft einnimmt, entsteht dadurch ein Platz für den jeweils anderen, den dieser vielleicht dann seinerseits als *seinen* Platz erkennen und einnehmen kann.

Natürlich hat die Frage nach dem Respekt vor Kindern und Jugendlichen in unserer Gesellschaft auch eine politische Dimension, die bisher in meinen Ausführungen etwas zu kurz gekommen ist. Unsere Kinder und Jugendlichen erleben, daß wir als Elterngeneration politisch vor allem für unser eigenes Überleben, für unsere eigene – vor allem ökonomische – Sicherheit sorgen. Die Perspektive, die wir dabei berücksichtigen, ist oft nur unsere Lebenszeit. „Nach mir die Sintflut", so denken wir, und so verhalten wir uns weitgehend als Eltern gegenüber unseren Nachkommen. Unseren „Platz" als Eltern haben wir dadurch nicht eingenommen. Im Gegenteil, ich halte die ökologische Rücksichtslosigkeit unserer Generation gegenüber den Lebensgrundlagen unserer Kinder und Kindeskinder für einen direkten Ausdruck der Mißachtung unserer Kinder und zugleich der Mißachtung unserer Elternschaft.

Leider schließen sich viele Jugendliche resignierend dieser Mißachtung an und wachsen hinein in ein System, in dem jeder gegen jeden kämpft, um nicht unterzugehen. In den Jahren 1990 bis 1995 hat die Kriminalität von Kindern- und Jugendlichen in unserem Land durchschnittlich um ein Drittel, in manchen Gebieten sogar um zwei Drittel zugenommen. Je größer die verdrängte Angst vor dem Untergang, desto gefährlicher wird der Trend, alles daran zu setzen, um bei den „Siegern" zu sein. Wie sollen die Kinder in diesem Umfeld lernen, daß man am besten dadurch für sich selbst sorgt, daß man seine Beziehungen pflegt und Grenzen einhält, die Kontakt ermöglichen?

Nur wenige Jugendliche protestieren gegen diese Mißachtung und engagieren sich persönlich und politisch für ihre Zukunft und für die Zukunft ihrer eigenen Kinder. Ich glaube, daß wir für uns und für unsere Jugendlichen, von denen wir alle im Alter objektiv (!) abhängig sein werden, das Beste tun, wenn wir *diesen* Protest gegen die Entwertung des Menschen durch den Menschen unterstützen, so gut es uns jeweils möglich ist.

## Gewalt zwischen Frauen und Männern in unserer Gesellschaft

### Gewalt in Paarbeziehungen

In dem Kapitel über „grenzenlose" Paarbeziehungen habe ich beschrieben, wie die „Grenzenlosigkeit" mit der Beziehungsstruktur Entweder-Oder zusammenhängt. Obwohl die meisten Paarbeziehungen in dem Wunsch eingegangen werden, daß beide Partner glücklich und zufrieden werden sollen, kann in vielen Fällen nach mehr oder weniger kurzer Zeit das Glück und die Sicherheit nur noch *gegen* den jeweils anderen gesucht und verteidigt werden. Das Bewußtsein der *gegenseitigen* Abhängigkeit geht schnell verloren und damit die Bemühung, *miteinander* glücklich zu werden.

Den kollektiven Phantasien in unserer Gesellschaft entsprechend ist die Vorstellung vom Glück bei den meisten Paaren eine Paradiesphantasie, das heißt: Wir erhoffen und erwarten uns von einem Beziehungspartner mehr oder weniger naiv und mehr oder weniger bewußt die Erfüllung aller Wünsche, die Befreiung von allen Ängsten und Minderwertigkeitsgefühlen, die Bestätigung als wertvolle und liebenswerte Männer und Frauen, kurz: die Rettung aus aller bisher erfahrenen Not und Gefahr. Die Partnerwahl basiert auf einer mehr oder weniger ausdrücklichen Idealisierung des Partners/der Partnerin, wodurch kurzfristig alles „Böse" und „Gefährliche" aus der Beziehung ausgeschlossen werden kann.

Nach kürzerer oder längerer Zeit treten diese Anteile, die Angst, die Gefahr, die Entwertung, die Gewalt wieder in die

Beziehung ein. Das Paradies erweist sich als nicht herstellbar, was aber zumeist nicht als eine fruchtbare Erfahrung erkannt, sondern dem jeweils anderen Partner als Schuld zugewiesen wird. Enttäuschung und Wut, Entwertung und Resignation sind die Grundlagen der dann sich entwickelnden Feindbilder, die von diesem Zeitpunkt an zumeist nur noch „ausgeschmückt" und komplettiert werden. Die Paradiesphantasien richten sich nun an andere Beziehungspartner, an außenstehende Dritte, eventuell an Psychotherapeuten, oder an Kinder, die nun die Rolle des besseren Partners spielen müssen und spielen dürfen.

In dieser Rolle versuchen die Kinder, den an sie gerichteten Paradieswünschen der Eltern gerecht zu werden. Da sie aufgrund ihrer großen Abhängigkeit und ihrer ebenso großen Anpassungsfähigkeit die „Welt" in Form der sie umgebenden Beziehungsstrukturen grundsätzlich „hinnehmen", bieten sie sich so an, wie sie gesehen und gebraucht werden. In den Szenarien sexueller Übergriffe lernen sie, daß sie sich (nur) dann wertvoll fühlen können, wenn sie sich den sexuellen Wünschen des Vaters oder der Mutter nicht widersetzen oder wenn sie sich mit der Mutter gegen den Vater und umgekehrt verbinden, was zumeist beides gleichzeitig in einer spezifischen Mischung unbewußter Selbstdefinitionen geschieht: Als Junge können sie dann – und oft nur dann – ein positives (aber falsches) Selbstwertgefühl entwickeln, wenn sie sich der Mutter als Ersatzmann anbieten und sich gleichzeitig scheinbar demütig dem Vater unterordnen oder auch im Auftrag der Mutter den Vater bekämpfen. Als Mädchen leben sie in der Phantasie, daß sie nur dann einen Wert haben, wenn sie vom Vater oder einem anderen Mann „begehrt" werden. Dafür opfern sie dann große Teile ihrer *eigenen* Gefühle.

Die Varianten dieser verschiedenen Formen, in denen Kinder auf ihr Kindsein verzichten müssen und verzichten, sind vielfältig. Das Grundprinzip ist immer dasselbe: Die Kinder lernen in unserer Gesellschaft frühzeitig, daß es im Leben darum geht, anderen, zunächst den Eltern, das Paradies herzustellen, und daß man sich wertlos fühlen muß, wenn man das trotz aller Selbstüberforderung nicht schafft. Hier liegt für diese Kinder der Beginn der Identitätsstörung, die sie später psychisch und/oder physisch wiederum in gewalttätige Beziehungen führt.

Unsere Gesellschaft ist geprägt von Ungeborgenheitsgefühlen der einzelnen und von krampfhaften Versuchen, die eigene Abhängigkeit vom jeweils anderen zu verleugnen und statt dessen sich selbst oder den anderen mit Gewalt dazu zu zwingen, das Paradies doch noch herzustellen. Die Freiheit von Schmerzen, Krankheit, Angst und Tod wird als erlösende Alternative zur *realen* Abhängigkeit phantasiert. Es fällt uns allen schwer, unsere reale Abhängigkeit von gesunden sozialen und biologischen Umweltbedingungen anzuerkennen und entsprechend zu leben. Weil wir in der Kindheit diese unsere reale Abhängigkeit zumeist nicht in einem Klima der psychischen Geborgenheit bei Vater *und* Mutter erleben konnten, glauben wir, ein Leben lang gegen das Kind-Sein, gegen das Ausgeliefertsein, ja gegen das Mensch-Sein kämpfen zu müssen. So wird die Ungeborgenheit und die Gewalt gegen andere Menschen und gegen die Umwelt von Generation zu Generation weitergegeben.

**Weibliche und männliche Rollen**
In meiner Beschreibung der „grenzenlosen" Paarbeziehung habe ich bisher die *gesellschaftlichen* Bedingungen des Frau- und Mann-Seins nicht berücksichtigt. Jedes Kind wächst aber nicht nur in seiner Familie auf, sondern auch in seinem gesellschaftlichen Umfeld, von dem wiederum die Beziehungsphantasien in seiner Familie beeinflußt werden. Und hier kann man sehen, wie nicht nur die Eltern spezifische Erwartungen an das Kind haben, sondern wie die kollektiven Erwartungen an Jungen und Mädchen, an Männer und Frauen aussehen.

Die typischen Rollen der Mädchen und Frauen einerseits und der Jungen und Männer andererseits spielen bei der Weitergabe der Gewaltphantasien eine wichtige Rolle. Die Rolle der Mädchen und Frauen beschreibe ich gelegentlich als „Helfer-Syndrom", die der Jungen und Männer als „Kämpfer-Syndrom". In beiden Fällen verzichtet schon das Kind auf seine eigenen

Gefühle und Wünsche. Es sieht sich statt dessen von außen, mit den Augen der Eltern und anderer Bezugspersonen, und es versucht, das Bild zu erfüllen, das sich die anderen von einem „richtigen" Mädchen beziehungsweise von einem „richtigen" Jungen machen. Nicht nur die Mädchen verzichten auf Selbstbestimmung und ordnen sich den Wünschen der Männer unter; auch die Jungen versuchen, in den Augen der Mutter und des Vaters ein „richtiger Mann" zu sein. Und ein „richtiger Mann" hat keine Angst, er läßt sich nichts gefallen, er schlägt zurück, wenn er geschlagen wird, er fühlt sich nicht in den Gegner ein, er verzichtet auf Mitleid und versucht seine „Schwächen" möglichst zu verstecken. Erfolgreich muß er sein in unserer Gesellschaft, weinen und Angst-haben gefährden dieses Erfolgreich-Sein.

Umgekehrt dürfen, ja müssen die Mädchen all das, was den Jungen verboten ist: Sie müssen sich in andere einfühlen, im Konfliktfall nachgeben, sie dürfen nicht schlagen oder zurückschlagen. Die „Orientierung am anderen" wird so der wichtigste Mechanismus, den auch die heranwachsenden Frauen für den Umgang mit Konflikten lernen. Sie bedenken immer noch einmal, ob nicht doch der andere, der Mann, recht haben könnte. Was sie selbst spüren, halten sie nicht für richtig und wichtig; wenn sie selbst etwas wollen, erleben sie sich als egoistisch. Eine Frau sagte mir einmal: „Die Hauptsache ist, daß der andere mit mir zufrieden ist. Da geh' ich über Leichen."

Die Gewalt gegen die eigene Person, von klein auf als „selbstverständlich" gelernt, macht die Frauen lenkbar, für die eigenen Gefühle und Wünsche unempfindlich und „gezielt einfühlsam". „Gezielt" deshalb, weil sie sich genau so weit in das Gegenüber einfühlen, wie es nötig ist, um die eigene Rolle der Helferin und der Retterin spielen zu können. Denn diese Rolle ermöglicht ebenfalls eine Machtposition: Der Mann wird von der Helferin und Retterin abhängig. Und das Leiden der Frau verschafft ihr über die Schuldgefühle des Mannes „Rechtsansprüche". Wenn eine Frau leidet und verzichtet – und sehr oft nur dann – hat sie ein Recht auf Hilfe und Befriedigung ihrer Wünsche. So sieht das „innere Programm" vieler Frauen, aber korrespondierend dazu auch vieler Männer, aus.

Diese einander entsprechenden szenischen Phantasien sind eine wichtige Grundlage für die Gewalt zwischen Männern und Frauen in unserer Gesellschaft. Denn in dem Helfer-Syndrom der Frauen ist der Kampf gegen die Abhängigkeit, auch gegen die Abhängigkeit vom Mann, enthalten. „Ich bitte erst um etwas, wenn ich selbst wirklich nicht mehr kann, wenn ich mir wirklich selbst nicht mehr helfen kann. Aber dann habe ich das Recht, daß ich auch das bekomme, was ich will." Um das Bild der Anspruchslosen zu erfüllen, muß man mit Bitten immer warten, bis man durch Leiden einen „Rechtsanspruch" erworben hat. Bevor man Wünsche anmeldet, muß man sich erst selbst zerstört haben, oder vom anderen, vom Mann, zerstört worden sein. Die Überheblichkeit vieler Frauen („Männer können nicht leiden, sie können sich auch nicht wirklich anstrengen") ist Ausdruck ihres Kampfes gegen Abhängigkeitsgefühle und gegen das Andrängen der eigenen Wünsche, die ihre scheinbare Unabhängigkeit in Frage stellen würden.

In den helfenden Berufen sind überwiegend Frauen anzutreffen. Nur wenige Männer haben schon als Kind (wie die meisten Frauen) die Rolle übernommen, anderen Menschen zu helfen, indem sie sie im direkten oder übertragenen Sinn „tragen". Die Männer lernen statt dessen, für ihre Mütter und eventuell für die Geschwister zu sorgen, indem sie für sie kämpfen. Deshalb brauchen sie zur Bestätigung ihres Wertes oft abhängige Bezugspersonen (Frauen, Kinder, Untergebene, Wähler), die selbst nicht für sich kämpfen können. Die Rolle der Frau ist deutlicher als die des Mannes dadurch bestimmt, daß sie immer jemanden „tragen" muß, der sich nicht selbst tragen kann (ein Kind, einen Mann, einen sozial oder psychisch Schwachen), wenn sie sich nicht überflüssig und wertlos fühlen will. Die meisten Männer folgen eher der Devise, daß sie dann ein richtiger Mann sind, wenn sie (in ihrem Bewußtsein: für andere, für das Recht, für die „richtige" Partei, usw.) hemmungslos zugreifen, Konkurrenten überfahren und sich dabei nicht durch „Gefühle" irritieren lassen. Wo die Frauen scheinbar unendlich „geben und versorgen", da „nehmen" die Männer, da versuchen sie zu herrschen, wo immer das möglich ist. Deshalb sind in den „kämpfenden Berufen", in der Politik, in der Wirtschaft, in der Wissenschaft etc. weit überwiegend Männer vertreten.

Das Kämpfer-Syndrom wird oft für „typisch männlich" gehalten, wie ich meine, zu unrecht. Was bei den Frauen als ein Rollenverhalten gilt, als eine „Sucht"[9], die den Frauen anerzogen wird, das wird bei den Männern, vor allem auch von weiblichen Autorinnen, für die *Natur* des Mannes gehalten. Nach meiner Ansicht ist dieses Kämpfen und Zuschlagen, das In-den-Griff-Kriegen und das Machen der Männer ein Rollenverhalten, zu dessen Stabilisierung die Frauen ebenso beitragen, wie umgekehrt die Männer zur Stabilisierung des Helfer-Syndroms der Frauen.

Wir leben also nicht in einer „Männergesellschaft", sondern in einer Gesellschaft, die vom Kampf beider Geschlechter gegen die Abhängigkeit (und damit gegeneinander) geprägt ist. Dieser Kampf beruht bei beiden Geschlechtern auf dem Verlust der Beziehung zu sich selbst, zu den eigenen Gefühlen und Wünschen und auch zur sozialen und biologischen Umwelt. Wir leben in einer *beziehungslosen* Gesellschaft, in der Gewalt gegen sich selbst und gegen andere an der Tagesordnung ist. Daß die Gewalt nach außen vor allem von den Männern ausgeübt wird, ist kein Beweis dafür, daß dies eine „Männergesellschaft" ist, und daß durch die Übernahme der Macht im Staat durch die Frauen die Gewalt beseitigt werden könnte. Das wäre eine Wiederholung der Phantasie, daß die Frauen immer die Retterinnen sein könnten und müßten.

Die Tatsache, daß wir so beziehungslos und rücksichtslos mit uns selbst und mit unserer Umwelt umgehen, könnte vielmehr Anlaß dafür sein, die Rollen von Frauen und von Männern zu hinterfragen und in ihrer Komplementarität zu verste-

---

[9] Vgl. Robin Norwood: Wenn Frauen zu sehr lieben. Die heimliche Sucht, gebraucht zu werden. Rowohlt-Verlag, Reinbek 1986.

hen. Sie könnte Anlaß zu der Frage sein, warum die Männer und Väter in den Familien fehlen und weshalb die Frauen in den öffentlichen Entscheidungsprozessen fehlen.

**Sexuelle Gewalt**
Vor dem Hintergrund dieser Fragestellungen ist auch die *sexuelle Gewalt* in Familien zu sehen, auf die die Öffentlichkeit in den letzten Jahren zunehmend aufmerksam wurde. Wie kann es sein, daß in unseren privaten Beziehungen die Sexualität, ein Bedürfnis, das seelisch und körperlich zur innigsten Annäherung und Vereinigung drängt, das im Orgasmus den Menschen schutzlos und abhängig werden läßt, zum Werkzeug der Gewalt, der Demütigung und der Unterdrückung wird? Wie kann es sein, daß Vergewaltigung in Kriegen gezielt und verordnet zur Demütigung und Unterwerfung der Kriegsgegner eingesetzt wird? Ich meine, daß auch hier Rollenvorstellungen von Frauen und Männern beteiligt sind.

Die Perversion der Sexualität beim Mann in zerstörten und gespaltenen Beziehungen hat mit dessen „Kämpfer-Rolle" zu tun. Er kann in Angstsituationen seine Angst am besten unterdrücken, wenn er Gewalt ausübt, wenn er sich als „potent" erweist und die Frau als Sexualobjekt unterwirft. Auch dieses „Unterwerfen", dieses „Zugreifen" ist nicht „typisch männlich", sondern beziehungslos. Die Gewalt, die die Männer häufig in der Politik, in der Wirtschaft, in der Wissenschaft und Technik und bei der sexuellen Vergewaltigung von Frauen an den Tag legen, ist ein Ausdruck von Pseudopotenz. In Kriegen ist die Vergewaltigung der Ausdruck der totalen Zerstörung des Vertrauens in zwischenmenschliche Beziehungen. Jedes Gefühl von Geborgenheit im Zusammenleben von Menschen wird in diesem „siegreichen" Übergriff vernichtet. Hier sieht man die Einverständniserklärung mit der Szene der totalen Gewalt auf seiten der Männer, die auch noch ihre „Sexualität" als Waffe einsetzen.

Ich halte es für wichtig, hier die Vorstellungen von Macht und Potenz voneinander zu unterscheiden, wobei es mir nicht auf die beiden Worte, sondern auf die unterschiedlichen Bedeutungen ankommt.[10] Die „Sachlichkeit" und der „Mut", mit denen Männer den Tod im Krieg, die Nebenwirkungen und „Restrisiken" von Technologien in Kauf nehmen, sind nicht Ausdruck männlicher Stärke, sondern männlicher „Impotenz". So „zweckmäßig" die Bereitschaft, die eigenen Gefühle im Krieg zu unterdrücken, sein mag, die Voraussetzung und Folgen dieser „Kriege" in den verschiedensten Zusammenhängen bleibt die Unterdrückung der wichtigsten Signale, mit deren Hilfe wir auf die Gefahr aufmerksam werden können. Wenn Männer in Ausübung sexueller Gewalt die Gefühle ihrer Opfer nicht mehr leidend, sondern nur noch triumphierend miterleben können, dann ist ihnen die Möglichkeit verloren gegangen, für sich und für den anderen, in diesem Fall für die Frau zu sorgen. Die Sexualität als Möglichkeit der weitestgehenden körperlichen und psychischen Annäherung ist denaturiert zum Mittel schlimmster Unterdrückung – letztlich beider Personen.

Freilich wird zumeist auch in der Sexualität die „ungestörte" und jederzeit abrufbare Erektionsfähigkeit des Mannes von *beiden* Geschlechtern immer wieder mit Potenz verwechselt. Das ständige Drängen des Mannes, seine ununterbrochene Bereitschaft zu herrschen und zu siegen, verbirgt nicht selten seine Angst vor seiner Abhängigkeit von Gefühlen und vor seiner Abhängigkeit von der Frau. Diese Abhängigkeit wird immer wieder als Unfähigkeit und Schwäche mißverstanden, und zwar nicht nur von Männern.

Wir Frauen sind an der Stabilisierung dieses pseudomännlichen Rollenverständnisses genauso beteiligt wie die Männer selbst. Verfällt nicht ein „impotenter Mann" in unseren Augen leicht der Lächerlichkeit? Erwarten wir nicht einerseits dieses ständige Siegen unserer Männer, das wir andererseits auch fürchten und verabscheuen, vor allem wenn es in Form der Vergewaltigung gegen uns selbst gerichtet ist? Sehen wir das un-

---

[10] Zur Unterscheidung von Macht und Potenz vgl. Thea Bauriedl: Das Leben riskieren. Psychoanalytische Perspektiven des politischen Widerstands. Piper, München 1988.

unterbrochene „Begehren" des Mannes nicht als Beweis unseres eigenen Wertes? Und mißbrauchen wir darin nicht häufig die Männer zur Stabilisierung unseres beeinträchtigten Selbstwertgefühls als Frauen? Wir Frauen können die Männer im direkt körperlichen Sinn nicht vergewaltigen, aber wir können sie einer doppelten Botschaft ausliefern, die da heißt: „Sei immer stark, aber wenn du es bist, verachte ich dich."

Damit ist gewiß nicht gesagt, daß letztlich wieder die Frauen an allem schuld sind, sogar noch an ihrer eigenen Vergewaltigung. Es geht mir darum zu zeigen, daß es eine *Korrespondenz der Entwertung* zwischen Männern und Frauen gibt. Denn das Pendant zur doppelten Botschaft der Frauen heißt von seiten der Männer: „Sei immer schwach, und wenn du es bist, verachte ich dich." Die viel besprochene Vergewaltigung in der Ehe ist Ausdruck der Entwertung der Frau durch den Mann und des Mannes durch die Frau. Um die Wiederholung dieser schrecklichen Szenen zu verhindern, genügt es nicht, die Männer zu verurteilen und zu bestrafen. Damit würde man sich auf die Symptombekämpfung beschränken, ohne die psychodynamischen Grundlagen auf der Beziehungsebene zu berücksichtigen. Wir brauchen einen neuen Zugang zum Problem der Gewalt auf allen Ebenen, der das System der Gewalt überschreitet.

**Die zwei Fragen**
Aber welcher Standpunkt überschreitet das System der Gewalt? Was kann die ständigen Wiederholungen von psychischer, physischer, materieller und struktureller Gewalt in allen unseren Beziehungen beenden? Ich meine, daß es in jeder zwischenmenschlichen Beziehung zwei Fragestellungen[11] oder zwei Arten von Interessen gibt, die sich je nach dem Grad der Angst, die in Beziehungen herrscht, abwechseln und mischen. Ist die Angst groß, dann geht es in der Beziehung um die erste Frage, nämlich: „Wer ist stärker?" Diese Frage entsteht aus der Angst

---

[11] Vgl. Thea Bauriedl: Das Leben riskieren. Psychoanalytische Perspektiven des politischen Widerstands. Piper, München 1988.

der Beziehungspartner voreinander, und sie führt zur Eskalation von „Rüstung" und Gewalt gegeneinander. Ist die Angst weniger groß und wird die Tatsache erkannt, daß Menschen nur miteinander, niemals gegeneinander wirklich sicher und zufrieden werden können, dann wird die zweite Frage gestellt: „Wie können wir miteinander zufrieden und glücklich werden?"

Dieses Grundprinzip der Gewalt und der Auflösung von Gewalt gilt in den internationalen Beziehungen nicht anders als in innenpolitischen, in beruflichen und in familiären Beziehungen. Bei der Auflösung von Gewalt geht es immer um die Veränderung der Fragestellung, um das Risiko, die eigene Abhängigkeit vom Gegner oder Feind anzuerkennen, und aufgrund dieser Erkenntnis die Art und das Ziel des Kampfes um die eigene Sicherheit und Zufriedenheit zu verändern. Einmal kämpft man *gegen den anderen* um Sicherheit und Zufriedenheit („erste Frage"), und im anderen Fall („zweite Frage") bemüht man sich *zusammen mit dem anderen* darum.

In der Arbeit mit gestörten und gewalttätigen Familienbeziehungen stellen sich auch für den Helfer oder die Helferin diese beiden Fragen: Geht es darum, wer stärker ist, oder geht es darum, wie die Familienmitglieder miteinander in Ruhe und Zufriedenheit leben können – eventuell auch äußerlich voneinander getrennt? Und hier treten immer wieder schwerwiegende Mißverständnisse auf: Wenn man beginnt, die zweite Frage zu stellen, dann versucht man, die Parteinahme aufzugeben und sich statt dessen an den Wünschen und Ängsten aller Beteiligten, auch an den eigenen Wünschen und Ängsten zu orientieren. Das wird aber zumeist nicht so verstanden. Sobald man aufhört, nur den offensichtlich gewalttätigen Partner, zumeist den Mann, zu beschuldigen und zu bekämpfen, dann bedeutet das *innerhalb* des Systems, daß man jetzt für diesen Partei ergriffen hat und gegen das Opfer vorgeht, und das bedeutet, daß man sich selbst auf die Seite des Stärkeren geschlagen hat.

„Wer nicht für mich ist, ist gegen mich", das ist die gemeinsame Phantasie aller Beteiligten, von der nicht selten auch die Helfer angesteckt werden. Innerhalb des Systems gibt es nur zwei Parteien, ein Dritter wird automatisch von allen an diesem System Beteiligten einer der beiden Parteien zugeordnet. Die Vermutung, daß man für den Mann und gegen die Frau Partei ergriffen hat, sobald man nicht mehr zusammen mit der Frau den Mann verurteilt, liegt auch deswegen nahe, weil die traditionelle Frauenrolle überwiegend der Frau die Verantwortung für die Beziehung zuschreibt. Frauen werden in unserer Gesellschaft häufig so erzogen, daß sie sich für die Zufriedenheit und die „Potenz" ihrer Männer verantwortlich fühlen müssen (und dürfen). Mehr oder weniger unbewußt übernehmen sie von ihren Müttern die Vorstellung, daß die Frau auf jeden Fall schuld ist, wenn der Mann unzufrieden und böse ist. Sie hätte zumindest diplomatischer mit ihm (dem „Empfindlichen") umgehen müssen, sie hätte sich besser einfühlen müssen und vielleicht noch mehr auf ihre Eigenständigkeit verzichten müssen.

Wenn man also als Helfer oder Helferin in einem Paarkonflikt versucht, die zweite Frage zu stellen, dann liegt für alle Beteiligten die Vermutung nahe, daß man dieses System der Unterdrückung der Frau fortsetzen will, daß man wieder einmal die Schuld bei der Frau sucht und ihr (als der in Beziehungen und in der Regelung von Beziehungen Überlegenen) die Last aufbürdet, die Beziehung zu „reparieren".

Dieses Mißverständnis ist nur schwer auszuräumen, und es kehrt immer wieder, sobald die Angst vor dem Verlust von Machtpositionen zu groß wird. Denn ein solcher Verlust bedroht *beide* Seiten einer gewalttätigen Beziehung, wenn sie von der ersten zur zweiten Frage übergehen: Der „Täter" kann seine objektiv größere Stärke nicht mehr voll gegen das „Opfer" ausspielen, soweit es auch um *seine* Gefühle geht und die Gewaltanwendung als ein Hindernis zum „Leben miteinander" erkannt wird. Und das „Opfer" kann nicht mehr von seiner moralischen Überlegenheit als Opfer leben, die ebenfalls eine Machtposition ist, auch wenn sie oft mit vielen Schmerzen und Nachteilen verbunden ist. Wenn sich die Partner gegenseitig aus der Rolle des Bösen, des Bedrohlichen entlassen, wenn sie beide sehen, daß ihre einzige Chance in einer schrittweisen Annäherung und im Abbau der jeweiligen Feindbilder besteht, dann werden sie im bisherigen Sinn schutzloser, in einem neuen Sinn sicherer. Aber das ist eine Erfahrung, die man nur machen kann, wenn man es wagt, solche Schritte der gemeinsamen „Abrüstung" zu gehen. Und eine unabdingbare Voraussetzung für diese Erfahrung und für diese Schritte ist, wie schon gesagt, die Erkenntnis, daß man sich *gemeinsam* in Not befindet, in einer *gemeinsamen* Gefahr, und daß man aufeinander angewiesen ist, um einen Weg aus dieser Gefahr zu finden.

### Der Ausstieg aus der Gewaltspirale

Ein wirkungsvoller Umgang mit der Gewalt und den Gewalttätern kann nur in einem Ausstieg aus der Gewaltspirale bestehen. Man müßte also in angemessener Weise darangehen, statt Gewalt immer wieder mit Gewalt zu beantworten, sich um „Abrüstungsschritte" zu bemühen. Dazu ist es nötig, sich mit den psychischen Grundlagen der Gewalt auszukennen. Das bedeutet nicht, den Gewalttäter zu entschuldigen – das wäre wieder das Mißverständnis –, sondern die *eigene* Beziehung zu dem gewalttätigen anderen möglichst gut zu kennen.[12]

Jeder Umgang mit einer gewalttätigen Beziehung, sei er psychotherapeutisch, sozialpädagogisch oder juristisch, der eine grundsätzliche Veränderung anstrebt, ähnelt den Abrüstungsverhandlungen zwischen Feinden auch auf internationaler Ebene. Die Basis solcher Verhandlungen ist, wie schon gesagt, auch im privaten Bereich die Anerkennung der gegenseitigen Abhängigkeit und das Bewußtsein, daß beide Seiten von Abrüstungsschritten mehr profitieren als von weiterer Eskalation von Rüstung und Krieg.

Bei solchen Abrüstungsversuchen im politischen wie im privaten Bereich tauchen immer wieder zwei Extremphantasien auf, die beide den Zusammenhang zwischen der Qualität der Beziehung und dem Maß der Rüstung außer acht lassen. Die eine Phantasie heißt: „Je mehr Waffen ich habe, desto besser

---

[12] Vgl. Thea Bauriedl: Wege aus der Gewalt. Analyse von Beziehungen. Herder, Freiburg 1992.

für mich; ich muß sie ja nicht unbedingt anwenden". Und die andere Phantasie heißt: „Eigentlich könnte die andere Seite (in manchen pazifistischen Kreisen auch: die eigene Seite) sofort alle Waffen vernichten, denn es besteht doch in Wirklichkeit gar keine Gefahr." Wenn die *Beziehung* eine kriegerische ist, geprägt von Entwertung und Feindbildern, dann *besteht* eine Gefahr, auch wenn beide Seiten davon überzeugt sind, nur in Notwehr – oder eben auch präventiv – handeln zu wollen. Alleine schon die Existenz von Waffen bedeutet eine Gefahr, weshalb Abrüstungsverhandlungen ohne die von beiden Seiten kontrollierte (und das heißt: wahrgenommene) *Vernichtung* der Waffen keinen Sinn haben.

Entscheidend ist die schrittweise Verbesserung der Beziehung und das damit einhergehende Bewußtsein, relativ zum Vertrauensstand in der Beziehung selbst stärker als nötig gerüstet zu sein. Im Lauf dieser Verhandlungen, die auch in der Eheberatung nur im *Kontakt* zwischen den Partnern stattfinden können, nimmt auch das Verständnis dafür zu, daß die eigenen Waffen (das Arsenal an Vorwürfen) deshalb störend sind, weil sie einen selbst behindern und weil sie dem anderen Angst machen und ihn zur Aufrüstung oder Nachrüstung veranlassen.

Man könnte einwenden, daß alle diese Beschreibungen doch nur für die große Politik zutreffen, in privaten Beziehungen ginge es um ganz andere Dinge als um Waffen. Ich kann das nicht so sehen. Für mich geht es in Paarkonflikten, in denen zum Beispiel Vater und Mutter um ein Kind kämpfen, um prinzipiell ähnliche „heiße oder kalte Kriege" wie zwischen Völkern oder zwischen politischen Gruppen und Parteien. Und auch die Abrüstungschancen und -bedingungen sind ähnlich. In der gegenseitigen Entwertung zwischen Partnern wird oft das Kind zur Waffe und der Familienrichter zum ausführenden Organ der gegenseitigen Demütigung von Mann und Frau. Auch Väter, die sich nach Aussagen der Mütter oft bis zur Trennung nicht oder nur wenig um das Kind gekümmert haben, kämpfen bei der Trennung oft unter Einsatz aller Mittel um das Kind, unter anderem auch deshalb, weil die Gerichte sich darauf einlassen zu entscheiden, welcher Elternteil „besser" sei für das Kind, was zumeist bedeutet, daß er psychisch gesünder sei.

Und Frauen, die durch Beruf, Haushalt und Kinder überlastet sind, kämpfen „mit Zähnen und Klauen" gegen das „Ungeheuer Vater", als das sie in diesem Zustand ihren bisherigen Mann sehen. Sie können nicht mehr erkennen, daß eine zeitweilige Unterbringung des Kindes beim Vater für sie selbst, für das Kind und für den Vater auch vorteilhaft sein könnte. Könnten die dann angerufenen Rechtsanwälte und Gerichte das Zusammenspiel der gegenseitigen Entwertung und die Funktionalisierung des Kindes als Waffe besser verstehen, und hätten sie als „Helfer" wirklich das Wohl aller drei Beziehungspartner und nicht nur den Sieg des eigenen Mandanten beziehungsweise der einen Partei gegen die andere im Sinn, dann könnten auch sie bei „Abrüstungsverhandlungen" behilflich sein. Sie würden die Bedeutung und das Gewicht der verschiedenen „Waffen" im Streit der Paare (das Geld, das Kind, die Verurteilung als Sündenbock, das Ansehen als Opfer usw.) herausfinden und vor dem Hintergrund der zweiten Frage: „Wie könnt ihr miteinander zufrieden werden?" mit den Beteiligten umgehen. In bezug auf die zweite Frage sind immer beide Seiten in Not, auch wenn eine Seite objektiv die stärkere ist. Zu den Waffen greift nur, wer sich bedroht fühlt, auch wenn man die Ohnmachtsgefühle bei den (legalen und illegalen) Gewalttätern von außen oft nicht sehen kann.

Der Versuch, Gewalt zu verhindern, setzt eine grundsätzliche Bewußtseinsveränderung in unserer Gesellschaft voraus. Wenn wir den materiell und körperlich objektiv Schwächeren im Kampf der Geschlechter wirklich helfen wollen, dann müssen wir schon in den Schulen beginnen, Aufklärungsarbeit darüber zu leisten, daß die Durchsetzung von Ansprüchen mit Gewalt ein Weg ist, der immer beiden Teilen schadet. Sie zerstört die Menschlichkeit und das Vertrauen in zwischenmenschliche Geborgenheit sowohl bei den Tätern als auch bei den Opfern. Aber auch politisch ist vieles zu ändern, was die objektive Unterlegenheit der Frauen verstärkt, so zum Beispiel die mangelnde finanzielle Unterstützung von Alleinerziehenden und jungen Familien, die Verbesserung von Kindertagesstätten und der Möglichkeiten für Frauen, halbtags zu arbeiten. Wenn wir in unserer politischen Bewußtseinsbildung und Willensbildung nicht begreifen, daß Eltern als Paare und als einzelne die besondere Fürsorge der Gesellschaft brauchen, werden wir immer weniger Kinder und immer weniger psychisch gesunde Kinder haben, die später, wenn wir alt sind, auch unser Geschick mitbestimmen.

Das Bewußtsein von der Abhängigkeit der Eltern von den Kindern und der Kinder von den Eltern führt zwangsläufig zu der Erkenntnis, daß in jedem politischen Feld das Schwache besonders geschützt werden muß: der Fußgänger vor dem Autofahrer, der Nichtraucher vor dem Raucher, die aussterbenden Tier- und Pflanzenarten vor den Auswirkungen von Industrie und Technik usw. Aber die Frau zu schützen muß nicht bedeuten, den Mann anzugreifen. Selbstverständlich muß man einem Gewalttäter „in den Arm fallen", um weitere Gewalt zu verhindern – dem „korrekten" ebenso wie dem „verrückten" Gewalttäter und dem „Verbrecher". Aber dieses In-den-Arm-Fallen bedeutet nicht nur Behinderung, sondern vor allem die Aufhebung der Sprachlosigkeit, die Überwindung der Berührungs- und Konfliktängste.

In unserer Zeit wird, rückblickend auf die Entstehungsbedingungen der nationalsozialistischen Gewaltherrschaft, deutlich, daß nicht nur der für die Gewalt verantwortlich ist, der sie ausübt – der ist es natürlich in erster Linie – sondern auch der, der die Gewalt unwidersprochen geschehen läßt, der der Eskalation von Entwertung und Gewalt beziehungslos und stumm zusieht. Passivität erscheint in diesem Lichte ebenso als Konfliktvermeidungsstrategie wie die Gewalttätigkeit selbst. Wenn die Gewalt in unserer Gesellschaft in allen ihren Erscheinungsformen abnehmen soll, dann muß sich ein verändertes Bewußtsein entwickeln, in dem das Austragen von Konflikten – die „Abrüstungsverhandlungen" – nicht immer wieder mit Krieg beziehungsweise mit Gewalt verwechselt wird. Nur durch das Austragen von Konflikten, durch die Aufhebung der

Stummheit zwischen den Partnern können beziehungslose Rüstungseskalationen in der großen und in der „kleinen" Politik vermieden werden.

Gewalt ist nämlich nicht Ausdruck oder zwangsläufiges Ergebnis von Konflikten, sondern Symptom der *Vermeidung von Konflikten*. Wenn keine „Berührung" zwischen Partnern mehr möglich ist, wenn deren Gefühle und Wünsche nicht mehr in Kontakt zueinander kommen, dann steigt die „Kriegsgefahr". Denn jede(r) der beiden sammelt dann Argumente und „Waffen" gegen den/die andere(n) in dem Maß, in dem die *Verständigung* zwischen beiden zusammengebrochen ist. Gewalt zwischen Männern und Frauen ist also weder ausschließlich auf die „Bösartigkeit" oder „Brutalität" der Männer zurückzuführen, noch den Frauen insgeheim als „Schuld" anzulasten. Gewalt ist immer Ausdruck einer unglücklichen Beziehung. Wenn wir das sehen können, dann brauchen wir uns nicht mehr *nur* darum zu bemühen, den „Schuldigen" zu finden oder ihn zu bestrafen. Wir können uns dann *auch* und vor allem um die Verbesserung der Beziehungen bemühen, um so die Gewalt zu vermindern. Dazu muß man freilich auch die eigene Sprachlosigkeit aufgeben.

**Der Ausstieg aus dem Zwang der Rollen**
Rollen dienen der Vermeidung von Konflikten, sie sind in ihrer Funktion Verkehrsregeln ähnlich, die den „reibungslosen" Ablauf des Verkehrs an einer Kreuzung sicherstellen. Durch die Regelung, daß Männer in der Sexualität die „Vorfahrt" haben, geraten die Frauen immer wieder in die Warteposition. Sie müssen sich anbieten, möglichst ohne den Mann zu sehr zu vereinnahmen, was ihn verunsichern könnte. Diese „Prostitution" im weitesten Sinn prägt die Rolle der Frau, auch wo sie nicht als Hure, sondern als Heilige auftritt. Sie wird in dieser Rolle zum Objekt, das begutachtet wird und dessen Qualität oft – auch von ihr selbst – danach beurteilt wird, ob sie die Fähigkeit besitzt, die „Potenz" des Mannes nicht zu stören, sondern zu fördern. Dazu verwendet sie, wie schon erwähnt, ihre Einfühlungsfähigkeit.

Die „Vorfahrt" des Mannes ist das Gegenstück zu dieser Rolle der sich prostituierenden Frau. Ich erwähnte es schon, daß wir den Anteil der Prostitution beim Mann oft deswegen nicht sehen, weil wir sein Rollenverhalten für „normal" halten und schon zufrieden sind, wenn er auch nur „funktioniert".[13] Wo die Frau immer bereit sein muß, der (narzißtischen) Befriedigung des Mannes zu dienen, da muß der Mann umgekehrt „immer das Eine wollen", um seinerseits der narzißtischen Befriedigung der Frau zu dienen. Denn wenn er nicht will oder nicht kann, bedeutet das unter Umständen für die Frau, daß sie nicht attraktiv genug ist. Und das führt wiederum dazu, daß sie sich gegen diese Kränkung wehrt, indem sie den Mann und seine Geschlechtlichkeit entwertet.

Das Zusammenspiel der Rollen und der gegenseitigen Kränkungen ist in den gesellschaftlichen Bildern von Frauen und Männern einprogrammiert. Es kann nur aufgelöst werden, wenn anstelle der weiblichen und männlichen „Prostitution", anstelle der rollenbestimmten Vorfahrtsregelungen an den „Verkehrsknotenpunkten" wieder ein *persönliches* Zusammentreffen der Beteiligten möglich wird. Das bedeutet psychisch, daß die wirklichen Wünsche und Gefühle wieder zur Orientierung dienen, und daß Frauen und Männer erkennen, daß sie aufeinander angewiesen sind. Angewiesen nicht in dem Sinn, daß sie sich gegenseitig zur narzißtischen Bestätigung benötigen, sondern in dem Sinn, daß sie nur miteinander und in der Abhängigkeit voneinander glücklich werden können.

Hier regt sich Widerspruch vor allem von Frauen und Männern, die den Wunsch nach einem Zusammenleben mit dem anderen Geschlecht resigniert aufgegeben haben und so von einer natürlichen Abhängigkeit vom anderen Geschlecht nichts mehr hören wollen. Sie sehen die Vorteile, die sie von einem Zusammenleben mit dem anderen Geschlecht haben könnten, nicht mehr. So behaupten sie, daß Familien ohne Männer beziehungsweise politische Gremien ohne Frauen sowieso besser

---

[13] Vgl. Frieder Wölpert: Sexualität, Sexualtherapie, Beziehungsanalyse. Urban & Schwarzenberg, München 1983.

funktionieren als die Verbindung der Geschlechter in beiden Szenarien. Sie meinen, daß das jeweils andere Geschlecht am „falschen" Platz „doch nur stört".

Und doch wären sogar in den geschlechtsspezifischen Rollen Fähigkeiten von Frauen und Männern zu finden, die der *gemeinsamen* Übernahme von Verantwortung in privaten wie in öffentlichen Zusammenhängen förderlich sind. Wenn Frauen in die Politik oder in öffentliche „Machtpositionen" Eingang finden, dann ändert sich auch die Politik – soweit die Frauen sich ihrer besonderen Fähigkeiten als Frauen bewußt bleiben. Die Frauen bringen mit ihrer Einfühlungsfähigkeit und mit ihrer Gewißheit, daß es ihrer Rolle entspricht, das Schwache, insbesondere die Kinder zu schützen, neue Perspektiven in alle Bereiche der Politik, der Wirtschaft und der Wissenschaft. Die Vorstellung der Männer, daß alles gemacht werden muß, was gemacht werden kann und soll, ihr innerer Zwang, immer in „potenter" Weise zu funktionieren, niemals zu zögern oder Mitleid zu haben, wird durch das – auch emotionale – Eintreten der Frauen in öffentliche Gremien in Frage gestellt.

Freilich müssen dazu die Frauen auch einen Teil ihrer Rolle, nämlich die Passivität und die scheinbare „Unbefleckheit" aufgeben. Sie müssen lernen, einzugreifen, wo ihrer Meinung nach Gewalt gegen Menschen und Gewalt gegen die Umwelt ausgeübt wird. Aber sie haben auch hier den Vorteil, daß sie – aus der Erfahrung von Schwangerschaft und Geburt – wissen, daß Veränderungen nicht „mit einem Schlag" vor sich gehen, sondern als allmähliche Entwicklung zu verstehen sind. Sie wissen, daß die Bewahrung des Lebens nur in prozeßhaften Veränderungen möglich ist und daß zur Unterstützung solcher Prozesse ein langes Behüten, oft auch große Zähigkeit und Ausdauer erforderlich sind. Aus ihrer Erfahrung in der Familie wissen sie, daß es sinnvoll ist, wenn man sich nicht nur um die Erhaltung der eigenen Machtposition, sondern auch um die Qualität der Beziehungen bemüht. Fortdauernde Feindbilder sind, zumindest in der Beziehung zu den Kindern, nur von Nachteil für alle. Also kennen sie den Vorgang, daß Veränderungen nur möglich werden, wenn Feindbilder revidiert werden. Solche

Veränderungen bedeuten für Frauen oft weniger eine Niederlage als für Männer, die viel mehr dazu erzogen werden, immer „ihr Gesicht zu wahren".

Aber auch für die Männer gibt es Chancen, die Zwänge ihrer Rolle in Frage zu stellen und ihre spezifischen Fähigkeiten in der Familie und im öffentlichen Leben zu nutzen. Allerdings müßte sich dazu auch die Rolle der Männer verändern. Die Männer – und auch die Frauen – würden es dann nicht mehr für einen Beweis von „Impotenz" oder Unfähigkeit halten, wenn die Männer einmal nicht mehr machen wollen oder können, was machbar und was befohlen ist. Nebenwirkungen und Restrisiken in Kauf zu nehmen, würde nicht mehr als Ausdruck von Sachlichkeit und Mut gelten, sondern als hilfloser Versuch, die eigene Pseudopotenz, die Unbeirrbarkeit im „Machen" ohne Rücksicht auf Gefühle und Ängste, durchzuhalten. Wenn die Männer sich wieder als Männer ihrer Frauen und als Väter ihrer Kinder und das heißt: als Beschützer des Lebens fühlen würden, könnte unser Leben und das Leben unserer Nachkommen besser bewahrt werden. Wenn die Fähigkeit der Männer zu kämpfen und die Fähigkeit der Frauen zu helfen nicht mehr gegeneinander, sondern miteinander und füreinander eingesetzt werden können, haben alle die Chance, sich geborgen zu fühlen.

Natürlich führt diese Veränderung der Rollen zu größerer Nähe zwischen den Geschlechtern, und das macht Angst. Wenn sich Männer und Frauen nicht mehr gegenseitig zu Objekten machen, sondern als Subjekte anerkennen, dann erleben sie auch ihre gegenseitige Abhängigkeit wieder. Und deshalb stellt sich uns allen die Frage, ob wir diese notwendige Veränderung in unseren privaten und in unseren politischen Beziehungen zulassen können. Ich weiß, daß diese Überlegungen Utopien sind. Aber ich weiß auch, daß die beschriebenen Veränderungen bereits da und dort stattfinden. Und ich glaube nicht, daß es um die Frage geht, ob und wie diese Utopien zu realisieren seien, sondern um die Frage, in welche Richtung *prinzipiell* eine Verminderung der Gewalt zwischen Männern und Frauen in unserer Gesellschaft versucht werden kann.

# 3. Psychotherapeutische Beziehungen

## „Grenzenlose" Beziehungen in der Psychotherapie

Über „grenzenlose" Beziehungen in der Psychotherapie für eine allgemeine Leserschaft, also für Psychotherapeuten *und* für (potentielle) Patienten zu schreiben, ist ein Wagnis. Die Psychotherapieszene ist aufgeladen mit geheimen und offenen Ängsten vor Mißbrauch jeder Art, aber auch mit geheimen und offenen Ängsten vor einer „strengen Zensur", die solche Geschehnisse und Beziehungen anprangern könnte. Für ein aufklärendes Verständnis ist in diesem Feld wenig Platz. Und doch scheint mir gerade ein aufklärender Umgang mit dem therapeutischen Mißbrauch im engeren (sexuellen) Sinn und auch im weiteren Sinn nötig und möglich, wenn man dabei nicht aus dem Auge verliert: *Verstehen bedeutet nicht Einverstanden-Sein!*

Die Diskussion um den Mißbrauch in Psychotherapien hat, im Gefolge der öffentlichen Diskussion um den sexuellen Mißbrauch von Kindern, in den letzten zehn Jahren deutlich zugenommen. Wegen der starken Wiederholungstendenz der „grenzenlosen" Beziehungsstrukturen und Beziehungsszenen wiederholt sich die Spaltung auch in dieser Diskussion. Einerseits findet sich da die große Anklage sowohl gegen die Täter als auch gegen die Opfer, andererseits die große Verharmlosung und nicht selten auch die Idealisierung der grenzüberschreitenden Beziehungsformen auf dem Gebiet der Psychotherapie. Das Problem betrifft *alle* Psychotherapieformen, nicht etwa nur die Psychoanalyse, und natürlich nicht weniger die Arztpraxen und alle anderen Abhängigkeitsverhältnisse.

In den Medien wird das Problem oft nur der „Couch" und

damit nur der Psychoanalyse zugeschrieben. Anscheinend bestehen in der Öffentlichkeit Phantasien über die ganz besondere Nähe und Intimität, die sich „auf der Couch" einstellen. Andere Psychotherapieformen, so vor allem verschiedene Formen der Körpertherapie, bleiben von diesem Verdacht meist ausgespart. Entweder hält man dort eine auch sexuelle Annäherung für „normal" und kritisiert sie deswegen nicht, oder man hat in bezug auf die Psychoanalyse besondere Erwartungen in verschiedener Hinsicht: Mit der im psychoanalytischen Prozeß geforderten oder angebotenen völligen Offenheit („freie Assoziation") ist die Phantasie der totalen Hingabe verbunden, die gewünscht und gefürchtet wird. Und es besteht wohl auch die – gelegentlich leider enttäuschte – Hoffnung, daß gerade die Psychoanalytiker sich mit Hilfe ihrer Abstinenzregel in der Versuchungssituation zurückhalten könnten. Denn letztlich – davon bin ich überzeugt – möchte kein Mensch, kein Patient und kein Therapeut *wirklich* die tragische Wiederholung der in seinem Leben bisher schon erlittenen Mißbrauchsszenen erleben oder herbeiführen.

Freilich wird auch in der Psychotherapie die Grenzüberschreitung oft mit Liebe oder „endlich möglicher" Sexualität verwechselt. Auch Freiheitsgefühle und -wünsche sind an der Verführung und Verführbarkeit der Täter und Opfer beteiligt, scheint es doch für beide nicht um die Wiederholung der Ausbeutung von Abhängigkeit und um (zumindest psychische) Gewalt zu gehen, sondern um ein Hinter-sich-Lassen von Hemmungen und von „alten" Verboten.

Grenzüberschreitende Situationen in der Psychotherapie haben aber nicht nur mit der Wiederholung entsprechender *persönlicher* Erlebnisse der Beteiligten zu tun, wenn auch persönlich mißbrauchte Patienten und Therapeuten anfälliger für die Wiederholung solcher Szenen sind. Es geht nicht nur um individuelle Verstrickungen, sondern auch um *kollektive* Phantasien, die sich in den vielfältigen Angeboten von „Psychotherapie" ausdrücken.

Nahezu 600 verschiedene Psychotherapieformen bieten derzeit ihre Dienste in Deutschland an. Eine Kontrolle findet nicht statt. Jeder tut, was ihn fasziniert und was ihm Geld bringt. Um diese Flut von zum großen Teil extrem manipulativen und schon vom Ansatz her „grenzenlosen" Psychotherapieformen in unserer Gesellschaft zu „verstehen", ist es sinnvoll, sich die Ängste und Nöte in dieser „Umbruchsgesellschaft" und die damit verbundenen Heilsphantasien näher anzuschauen:

Den zum größten Teil verdrängten sozialen, ökonomischen und ökologischen Gefahren steht eine weitgehende politische Resignation gegenüber, die sich auch in der Psychotherapie wiederfindet. Es besteht wenig Hoffnung auf dialogische Beziehungen, auf einen Beziehungsraum, in dem man über die eigene Angst sprechen könnte und gemeinsame Handlungsmöglichkeiten zur Gefahrenabwehr finden könnte. Statt dessen versucht jeder auf dem schon schief stehenden Deck der sinkenden „Titanic" möglichst weit nach oben zu kommen und dabei auf andere zu treten, deren Körper noch ein wenig Halt geben und die dann zuerst abstürzen. Die Gefahr wird nicht als eine gemeinsame und nur gemeinsam zu bewältigende angesehen. Vielmehr hat die Angst die zunehmende Entsolidarisierung zur Folge, was wiederum die Angst verstärkt, bei eigener Schwäche, im Alter oder bei Krankheit alleine und hilflos zu bleiben beziehungsweise als erster „abzurutschen".

So verwundert es nicht, daß einerseits Psychotherapieformen Konjunktur haben, die die „Geborgenheit in der Hülle" (im ersten Kapitel im Bild der zwei ineinander liegenden Kreise beschrieben) anbieten, andererseits Psychotherapiemethoden Anklang finden, die den einzelnen zum Sieger im allgemeinen Überlebenskampf zu machen versprechen. Die Heilsphantasien, die sich in diesen „Psychotherapien" ausdrücken, gehen in zwei Richtungen, die beide mit der Weltuntergangsangst oder auch mit der Angst, im allgemeinen Überlebenskampf zuerst abzurutschen, zu tun haben: Man sucht die persönliche Rettung entweder als Mitglied einer Gruppe, die unter der Führung eines Gurus steht und die als Gegenwert für die mehr oder weniger vollständige Selbstaufgabe das Heil in dieser oder in einer jenseitigen Welt verspricht, oder man läßt sich als Einzelkämpfer ausbilden, der möglichst viel Bewältigungswissen[1] ansammelt und sich selbst und andere erfolgreich zu „programmieren" oder zu manipulieren lernt.

Beide Heilsphantasien mischen sich in den unterschiedlichen „psychotherapeutischen" Angeboten ebenso wie in den verschiedenen Sekten und Geheimbünden, aber auch in bestimmten Vorgängen im Bereich der Politik. Wo die Realität der immer gefahrvoller werdenden Welt nicht ausgehalten werden kann, werden zunehmend politische Führer gewählt, die in gekonnter Inszenierung von diesen Gefahren ablenken und entweder so tun als ginge es am besten „immer weiter so" oder als sei nur weiteres Bewältigungswissen für den weiteren Fortschritt nötig. Sie produzieren zum Teil ganz bewußt eine Schein-Welt für ihr „Publikum", das sie im Austausch für diese Inszenierung an die Macht bringt. Nicht anders sehen im Prinzip die Beziehungsstrukturen in den verschiedenen esoterischen und strategischen Psychotherapieformen aus. Das Angebot heißt: „Liefere dich mir aus, und ich werde dafür sorgen, daß es dir besser geht und daß du keine Angst mehr haben mußt. Ich werde dir einen neuen Lebenssinn vermitteln und vor allem Geborgenheit und Befreiung von Schuldgefühlen. Ich sage dir: ‚Du bist richtig und großartig' – wenn du dasselbe mit mir tust."

Die traditionellen Religionen haben weitgehend die Fähigkeit verloren, den Menschen glaubhaft die Erlösung von allem Übel (insbesondere von dem Gefühl, „falsch" zu sein) und eine Hoffnung auf das Paradies in der „Gemeinschaft der Heiligen" zu versprechen. Also wenden sich immer mehr verzweifelte und geängstigte Menschen neuen Gurus zu, die sich nicht selten als Psychotherapeuten bezeichnen und sich „wissenschaftlich" gebärden. Hier wiederholen sich nun die Beziehungsstrukturen, die schon die Ursache der Verzweiflung sind: Anstatt daß die Angst beachtet, mitgeteilt und gehört wird, wird sie (scheinbar) beseitigt. Anstatt einer Solidarisierung in der

---

[1] Vgl. meine Ausführungen zur Unterscheidung von Bewältigungs- und Erhaltungswissen im ersten Kapitel dieses Buches.

Gefahr wird eine gemeinsame Flucht in eine andere Welt angetreten, in der es scheinbar keine Ängste und Konflikte gibt. Die Angst wird in einem großen Verschmelzungsgefühl „aufgelöst" und verschwindet in dem damit verbundenen Glücksgefühl. Die Abhängigkeit im Sinne der „grenzenlosen" Beziehung bleibt bestehen. Sie wird oft noch verstärkt durch das Schüren kollektiver Weltuntergangsängste, für die Menschen besonders empfänglich sind, die sich in zwischenmenschlichen Beziehungen nicht aufgehoben fühlen können.

Die Anbieter solcher Erlösungsmethoden sind selbst schwer geschädigte Menschen, die bewußt oder unbewußt aus ihrer eigenen Not einen – oft nicht zuletzt finanziellen – Gewinn machen. Sie bereichern sich finanziell und psychisch, denn sie sind in jeder Weise von ihrer Anhängerschaft abhängig. Ihre eigene Sucht läßt sie unentwegt nach dem Geld derer streben, die ihnen hörig sind. Aber auch für ihre psychische Stabilisierung müssen sie aufgrund ihrer eigenen psychischen Struktur entweder Führer oder Geführte in diesem Szenario sein. Da es ihnen vorteilhafter erscheint, die Rolle der scheinbar unabhängigen Führer zu spielen als die Rolle der ausgebeuteten und unterdrückten „Geführten", versuchen sie, sich auf diese Seite der ihnen allzu bekannten Szene zu retten. Oft spielen sie ganz bewußt mit der Gläubigkeit ihrer Anhänger und verfeinern die Unterdrückungsmethoden auf „wissenschaftliche" Weise – nicht selten zum Aufbau weltumspannender Konzerne.

Die Gefahr solcher Beschreibungen besteht darin, daß man glauben könnte, diese „psychotherapeutischen" Beziehungsformen seien nur in ausgewiesenen Sekten oder in gewissen fundamentalistischen Strömungen der verschiedenen Religionen anzutreffen, und in Psychotherapien einzelner Personen durch einzelne Psychotherapeuten bestünde die Gefahr der Ausbeutung der Abhängigkeitswünsche nicht oder viel weniger. Leider ist das nicht der Fall. Abgesehen davon, daß in jeder Psychotherapie die Tendenz zur Wiederholung grenzüberschreitender Beziehungsszenen besteht und jede/r Psychotherapeut/in in der Verantwortung steht, diese Angebote von seiten der Patienten nicht zum eigenen (finanziellen und psychischen) Vorteil auszunützen, gibt es viele psychotherapeutische Methoden, die die Grenzüberschreitung explizit zur Methode der Wahl erklären.

Hier geschieht dann ebenfalls die bloße Wiederholung der Traumatisierung. Der so häufig beschriebene sexuelle Mißbrauch von Patientinnen ist ein besonders auffälliges Beispiel für die Wiederholung der Schädigung, deren Folgen doch eigentlich „geheilt" werden sollen. Was solche „Psychotherapeuten" anbieten, ist die psychische oder auch körperliche Vereinigung des Patienten mit dem Therapeuten, der zugleich Süchtiger und Suchtmittel ist. Hilfeleistung, Ausbeutung und Unterordnung verschwimmen ununterscheidbar miteinander. Wie bei der ursprünglichen Traumatisierung werden im Patienten die Gefühle für die *Wirklichkeit* des Übergriffs und für die mit der Grenzverletzung verbundenen *Schmerzen und Ängste* unterdrückt. Anstatt den Übergriff zu spüren, ihn für wahr und für so schmerzhaft zu nehmen, wie er ist, werden (wieder) die Größen- und Paradiesphantasien mobilisiert, die zu einem gemeinsamen Glücksgefühl im „Paradies" der Freiheit von aller Schuld und gleichzeitig von allen „Hemmungen" führen. Die *eigenen* Gefühle des Patienten werden nicht gesucht, sondern sie werden erneut ersetzt durch die Gefühle, Überzeugungen und Entscheidungen des Therapeuten.

Eine solche „Gehirnwäsche" geschieht meist auf sehr raffinierte, scheinbar „gütige" Weise. Versprochen wird der angstfreie Mensch, der sich über alle Niederungen der Ängste und Zweifel erhebt, durch nichts mehr gebremst ist und so alle Grenzen überschreiten kann. Zusammen mit dem Therapeuten erhebt sich der Patient über sich selbst und über die ganze Welt. Das erzeugt ein Hochgefühl und manchmal wohl auch das Gefühl einer Wunderheilung. Wenn man die eigenen Gefühle nicht von denen des Therapeuten unterscheiden kann, genügt es für die eigene Phantasie schon, wenn der Heiler glaubt, eine Wunderheilung vollbracht zu haben und wenn man ihm zuliebe dieselbe Phantasie ebenfalls produziert.

In solchen psychotherapeutischen Beziehungen, die leider nicht nur außerhalb der Psychoanalyse vorkommen, werden die grundlegendsten Regeln einer gesunden menschlichen Kommunikation mißachtet. Wie ich in den ersten beiden Kapiteln dieses Buches ausgeführt habe, kommt es für eine gesunde psychische Entwicklung, für den Erhalt und die „Rekultivierung" wirklich sicherer und befriedigender zwischenmenschlicher Beziehungen und deshalb natürlich auch für wirklich heilsame psychotherapeutische Prozesse darauf an, daß man sich auf das verlassen kann, was der oder die andere sagt, und das bedeutet, daß man sich um den Erhalt oder das Wiederfinden von Grenzen zwischen den Menschen als Kontaktstellen bemüht[2].

Von außen, aber leider auch gelegentlich in den eigenen Reihen wird sogar die Psychoanalyse als eine subtile Form der Gehirnwäsche mißverstanden. Ängste vor Überformung durch den Psychoanalytiker, aber auch Wünsche nach „Führung" und Orientierung von außen sind Auslöser für solche Mißverständnisse auf seiten mancher Patienten, die auf deren bisherigen Lebenserfahrungen beruhen. Auf seiten der Psychoanalytiker findet man im Rahmen dieses Selbstmißverständnisses die Vorstellung, daß die Wirkungsweise der Psychoanalyse auf „Einsicht" beruhe, wobei unter diesem Begriff dann häufig verstanden wird, daß der Patient „vernünftig" wird, also mit Hilfe der „Deutungen" des Psychoanalytikers die Ursachen seiner Erkrankung erkennt und verändert.

Wäre das so, dann könnte sich auch in einer psychoanalytischen Behandlung die „grenzenlose" Beziehungsstruktur nicht verändern, nach der immer der andere weiß, was mit dem einen los ist, und der eine (der Patient) – wie schon so oft – einsieht, daß er selbst an seinem Unglück beziehungsweise an seiner Symptomatik schuld ist – oder hilfsweise seine Eltern für schuldig erklärt. Das Prinzip der Selbstausstoßung durch „Einsicht" in die eigenen Fehler (hier zum Beispiel in die eigene „fehlerhafte" Abwehr) oder in die Fehler der Eltern wird dadurch nicht verändert. Gleichzeitig bleibt auch das Prinzip der Vereinnahmung erhalten; jetzt wird es bestätigt durch die Wie-

---

[2] Vgl. meine Ausführungen über den Vorgang der Verständigung beim finden von psychischen Grenzen und „Außenkontakt" im ersten Kapitel dieses Buches.

derholung in der Beziehung zum Analytiker, der – wie einst die Eltern – den Patienten wie einen Teil seiner selbst erlebt und glaubt, oder sich verpflichtet fühlt zu wissen, was für den Patienten richtig und wichtig ist. Zum Glück gibt es andere Vorstellungen über Veränderungsprozesse in der Psychoanalyse. Ich werde darauf zurückkommen.

Zunächst möchte ich noch einmal fragen, weshalb sich so viele Menschen in der Psychotherapie und in Wiederholung ihres bisherigen Unglücks von solchen grenzüberschreitenden Praktiken verführen und mißbrauchen lassen. Wieso sind Menschen bereit, in „wilden" Psychotherapien nicht selten ihr ganzes Hab und Gut, und in von den Krankenkassen finanzierten Psychotherapien immerhin viel Zeit und Kraft zu opfern, nur um einem anderen Süchtigen (dem Therapeuten) zu bestätigen, daß er „gut" ist und dann an dessen Gut-Sein partizipieren zu können? Weshalb opfern sie wieder und wieder ihre eigenen Gefühle und damit auch ihre Selbstachtung zugunsten einer anderen Person, die diese Bereitschaft vielleicht unbewußt, aber doch auf sehr raffinierte Weise ausnützt?

Im ersten Kapitel dieses Buches habe ich beschrieben, wie in einer „grenzenlosen" Beziehungsstruktur der eine vom anderen nicht zu unterscheiden ist. So „sitzt" der eine im anderen, der andere im einen. Jeder ist ein Teil des anderen. „Ich bin der Herzschrittmacher meiner Mutter, und sie ist mein Herzschrittmacher", so sagte mir einmal ein Patient. Wer sich ohne einen solchen „Herzschrittmacher" leer, verlassen und orientierungslos fühlen würde, braucht eine Ideologie, um diese Leere auszufüllen. Jede Ideologie besteht aus scheinbar für alle Menschen gültigen Vorstellungen über das, was richtig und was falsch ist. Sie ersetzt beim einzelnen dessen eigene Gefühle, Vermutungen und Wahrnehmungen. So hat man außen jemanden, der einem sagt, wie man „richtig" ist, welche Gefühle, Wünsche, Ängste, Denkweisen zurecht bestehen und welche nicht.

Menschen, die auf solche interpsychischen Austauschprozesse und auf „grenzenlose" Beziehungen angewiesen sind, können in ihrer großen selektiven Einfühlungsfähigkeit zu ideologischen Führern werden. In szenischer Wiederholung spielen sie die Rollen ihrer auf irgendeine Weise unerreichbaren und deshalb für „absolut" gehaltenen Eltern. Zumeist verkünden sie sehr einfache „Wahrheiten", die sie selbst zu Heilslehren erklären. Diese „Wahrheiten" und „Einsichten" geben dann vielen Menschen die gesuchte Orientierung von außen. Die so „Geführten" sind dankbar dafür, daß sich ihre Probleme anscheinend so leicht auflösen lassen, und sie verehren dafür ihre Führer oft bis zur völligen Selbsterniedrigung.

Letztlich kommt es aber diesen Verführern nicht auf die Wahrheit an, vor allem nicht auf die wahren Gefühle ihrer Anhänger. Wichtig ist nur die Wirkung. So entwickelt sich unter Umständen auch im psychotherapeutischen Bereich ein fataler Pragmatismus, der bis in die Psychotherapieforschung hineinreicht: Was wahr ist, erkennt man an der Wirkung. Nicht anders als die populistischen (Ver-)Führungsmechanismen im Bereich der gegenwärtig wieder zunehmenden rechtsradikalen Gruppierungen geht es um *emotionale Agitation*, deren Wirkung auf dem Versprechen des Endsieges beruht. Die Realität der Gefahren darf und muß nicht mehr gesehen werden; nur noch die *Wirkung* des „Führers" ist wichtig. An ihr kann man sich nicht „satt fühlen".

Die Anfälligkeit der einzelnen und einer ganzen Gesellschaft für solche primitiven Ideologien hängt mit einer großen kollektiven Sehnsucht nach Gefühlen zusammen. Vielleicht kann man den in diesem Buch wiederholt beschriebenen Verlust der eigenen Gefühle und deren Ersetzung durch die Gefühle, Bedürfnisse und Vorstellungen anderer Menschen als die schwerwiegendste psychische „Zivilisationskrankheit" unserer Gesellschaft sehen. Die mit dem Verschmelzungszustand unserer zwischenmenschlichen Beziehungen einhergehende Trennung von Verstand und Gefühl („Kopf" und „Bauch", wie oft gesagt wird) durch Vernichtung der *eigenen* (!) Gefühle läßt die verständliche Sehnsucht nach der Wiedergewinnung dieser (!) Gefühle entstehen.

Leider kann aber das Eigene oft nur schwer vom Fremden unterschieden werden, und leider haben wir alle mehr oder weniger unhinterfragt gelernt, daß im Konfliktfall nur noch *entweder* die Gefühle des einen *oder* die Gefühle des anderen „richtig" sind. Und so lassen wir uns „gerne" fremde Gefühle und Überzeugungen von außen „machen". Jede Sucht beruht auf diesem Prinzip. Beim Mißbrauch von Patienten durch Therapeuten scheint oft die Intensität der so *gemachten* Gefühle (trotz oder wegen der Vergewaltigung im engeren und im weitesten Sinn) der Beweis für den Erfolg oder für die Heilung zu sein. Da geht es um Quantitäten und Intensitäten von Gefühlen, nicht um psychische Trennung.

Aber es geht eben auch um Geld und Macht. Wenn man die Macht der Fernsehprediger in den USA betrachtet, kann man sehen, daß die pure Fähigkeit, Menschen aufzuregen, womit auch immer, in einer Gesellschaft, die nach Orientierung und nach Ersatzgefühlen lechzt, viel Geld und Einfluß bringen kann. Hätten wir in Europa die Folgen solcher Verführbarkeit nicht schon einmal in einem katastrophalen Akt der Selbst- und Fremdzerstörung erlebt, wir hätten wahrscheinlich noch weniger Abwehrkräfte gegen die Wiederholungen desselben.

Gleichwohl ist auch bei uns zu sehen, wie das systematische Ausschalten der eigenen Gefühle das allgemeine politische Bewußtsein und vor allem das (demokratische) Verantwortungsbewußtsein des einzelnen schädigt. Ist erst einmal das Gefühl für die eigene Unterdrückung und das Mitgefühl für andere Menschen und andere Lebewesen erfolgreich verdrängt, dann tun Menschen alles, was ein „Führer" befiehlt. Ihr wichtigstes Ziel ist es, zu funktionieren. Der Führer vermittelt ihnen die Phantasie, daß sie schließlich mit ihm zusammen siegen werden und daß sie mit allen Opfern, die sie erbringen, einem guten Zweck dienen. Dafür tun viele Menschen alles, ja sie werden sogar „gesund", wenn es ihr Guru so befiehlt.

Die Beschreibung der vielfältigen manipulativen Techniken im Bereich der Politik und der Psychotherapie macht deutlich, daß unser gesellschaftliches Immunsystem schwer geschädigt ist. Anstatt uns zu wehren, schweigen wir über die Erscheinungsformen des Mißbrauchs von Menschen durch Menschen. Seit bald zwei Jahrzehnten kommt ein Psychotherapeutengesetz in unserem Land nicht zustande. Es scheitert immer wieder an relativ zu seiner grundsätzlichen Notwendigkeit unbedeutenden parteipolitischen Streitigkeiten. Natürlich wird die Tatsache, daß die Psychotherapie nach dem Zustandekommen dieses Gesetzes ein gesetzlich geschützter Heilberuf sein wird und sich nicht mehr jeder Psychotherapeut nennen darf, der irgendeine Heilsidee hat, nichts daran ändern, daß die beschriebenen Bedürfnisse nach Führung und Rettung in der Bevölkerung bestehen und sicher noch zunehmen werden. Aber ein solches Gesetz wäre immerhin ein Signal. Zusammen mit einer systematischen Aufklärung über die Mechanismen der Verführung und der Verführbarkeit könnte es bei der gemeinsamen Bekämpfung der schlimmsten Auswüchse solcher Mißbrauchsszenarien behilflich sein.

Viel schwieriger ist allerdings die ebenfalls dringend erforderliche Arbeit an ethischen Normen im Bereich der Psychotherapie. Psychischer Mißbrauch ist so viel schwerer an einem bestimmten Verhalten festzumachen als zum Beispiel Kunstfehler im medizinischen Bereich. Zerstörte und zerstörende Beziehungen können nicht durch Normierung oder durch Strafandrohung geheilt werden. Zwar gibt es inzwischen ernsthafte Bemühungen verschiedener großer psychotherapeutischer Fachgesellschaften um Leitlinien auf diesem Gebiet, aber wir haben bisher viel zu lange zu den Geschehnissen geschwiegen, die auch innerhalb der eigenen Zunft bekannt wurden. Wir haben einen dringenden Bedarf an Psychotherapieforschung, die nicht nur an der Effizienz der jeweiligen Verfahren ausgerichtet ist, sondern vor allem auch nach den Ursachen und Folgen des therapeutischen Mißbrauchs sucht.[3]

Bei dieser Beschreibung der „grenzenlosen" Beziehungen in der Psychotherapie habe ich absichtlich nicht bestimmte psychotherapeutische Methoden oder einzelne Gurus genannt. Ich denke, daß manche Formen des therapeutischen Mißbrauchs oder der Unterdrückung unter dem Deckmantel der Psycho-

---

[3] Vgl. meine Ausführungen zur „Technikfolgenabschätzung" in der Psychotherapie in diesem Buch.

therapie beim Lesen wiedererkannt werden konnten. Ich wollte vor allem die Beziehungsdynamik beschreiben, die zu den verschiedenen ganz offensichtlichen und auch zu den sehr versteckten Formen des psychotherapeutischen Mißbrauchs führt. Ich hoffe, durch diese Beschreibung auf die Gefahren der „wilden" Psychotherapie aufmerksam gemacht zu haben und möchte es den Lesern und Leserinnen überlassen, *selbst* mit Vorsicht auf die Beziehungsszenen zu achten, die sich in psychotherapeutischen Beziehungen einstellen. Ein guter Psychotherapeut wird dies ebenfalls tun und sich darüber freuen, wenn seine Patienten sich an dieser Achtsamkeit beteiligen.

Psychotherapeutischer Mißbrauch im engeren und im weitesten Sinn kommt in *allen* Psychotherapieformen vor. Er hat mit dem therapeutischen Konzept, aber auch sehr viel mit der Person des Therapeuten und mit der sich aus dem Zusammenspiel zwischen Therapeut und Patient ergebenden Wiederbelebung von grenzüberschreitenden Beziehungen zu tun. Man kann auch nicht sagen: In dieser Psychotherapie geschieht er immer oder geschieht er nie. Es handelt sich immer um bestimmte Situationen oder Szenen, in denen sich solche Beziehungsstrukturen wiederholen. Zu fragen ist freilich, ob in einer bestimmten Psychotherapie oder in einer psychotherapeutischen Schulrichtung überhaupt ein Interesse daran besteht, auf solche Wiederholungen zu achten und aufklärend an ihnen zu arbeiten. Der Widerstand gegen eine solche aufklärende Arbeit ist nicht nur bei Psychotherapeuten, sondern natürlich vor allem auch bei den Patienten selbst zu finden. Aber es gehört in die Verantwortung der Psychotherapeuten und ihrer Ausbilder, diesen Widerstand bei sich zu entdecken und sich dafür eventuell kollegiale Hilfe zu suchen beziehungsweise diese Hilfe anzubieten. Die Psychoanalyse hat weitaus die längste Erfahrung in der Reflexion dieser Phänomene, weshalb – so hoffe ich als Psychoanalytikerin – hier die Gefahr eher geringer ist. Aber man kann sie nicht ausschließen, man kann nur versuchen, diese Gefahr möglichst gut kennen zu lernen.

## Psychotherapie – die Fortsetzung der Sucht mit anderen Mitteln?

Obwohl ich vor allem die schweren Fälle therapeutischen Mißbrauchs eindeutig für verbrecherisches Handeln der Therapeuten halte, und für mein Verständnis auch beim sexuellen Mißbrauch von Kindern eindeutig die Erwachsenen und nicht die Kinder die Schuldigen sind, geht es mir hier nicht um eine bloße Anklage. Zu intensiv habe ich mich in den langen Jahren meiner eigenen Praxis und der Aus- und Fortbildung von Kolleginnen und Kollegen mit den Gefahren der Wiederholung inzestuös-übergreifender Beziehungen beschäftigt, um nicht zu sehen, daß neben dem strikten Verbot sexueller Beziehungen zwischen Therapeuten und Patienten und der gesetzlichen Verfolgung von Ausbeutungsstrukturen in Sekten und ähnlichen Vereinigungen vor allem nur die *Aufklärung* über Suchtmechanismen helfen kann, daß Therapeuten wie Patienten lernen können, die Gefahren der Wiederholung zunächst einmal überhaupt als solche zu erkennen. Da es im einzelnen Fall oft so schwierig ist, die suchtähnliche Wiederholung des Mißbrauchs in der Psychotherapie zu erkennen, möchte ich hier zunächst die Grundprinzipien der Sucht beschreiben wie ich sie verstehe.

Um diese Suchtmechanismen im allgemeinen und in der besonderen Situation einer psychotherapeutischen Beziehung wahrnehmen zu können, ist es gut, sich noch einmal das Prinzip der Usurpation des Menschen durch den Menschen, der Kinder durch die Erwachsenen vor Augen zu führen. Ich habe beschrieben, wie schon der Säugling zwangsläufig auf seine eigene Identität verzichtet bzw. diese Identität gar nicht entwickeln kann, soweit die Eltern leere „Hüllen" sind. Sie brauchen ihn, um ihre innere Leere zu füllen, also entwickelt er die Gefühle und Verhaltensweisen, die in die „Hüllen" der Eltern passen. Er „steckt" in ihnen wie sie in ihm. Der Verzicht auf die *eigenen* Gefühle macht ihn „grenzenlos" und krankhaft abhängig. Seine wirkliche Abhängigkeit von den Eltern und die damit verbundenen Gefühle und Bedürfnisse werden verleugnet. Statt dessen erfüllt er eine Funktion für die Eltern. Nur in dieser Funktion (für andere) fühlt er sich „erfüllt". Kann er diese Funktion nicht „erfüllen", fühlt er sich innerlich leer und wertlos. Süchtige Menschen im engen und im weitesten Sinn versuchen nun, ihre persönliche Leere mit Suchtmitteln aller Art zu füllen. Dazu können sie ihre eigenen Kinder verwenden, ihre Partner, ihre Patienten, ihre Therapeuten, ihre Arbeit, ihren Erfolg oder auch andere Suchtmittel wie Gewaltvideos, Alkohol, Nikotin oder „härtere" Drogen.[4]

In der Abhängigkeit der Sucht besteht immer der innere Zwang, sich mit „gemachten" Gefühlen dort anzufüllen, wo die eigenen Gefühle zu fehlen scheinen. Große Teile unseres gesellschaftlichen Lebens sind auf die Vernichtung der wirklichen Gefühle ausgerichtet. So funktionieren jede Werbung, ein großer Teil der politischen Propaganda und sehr viele Fernsehsendungen nach dem Prinzip der Vereinfachung. Die wirklichen Gefühle (z.B. Angst und Mitleid) werden durch falsche, künstlich erzeugte Gefühle ersetzt. Die Werbung verspricht uns, daß wir uns wohlfühlen werden, wichtig, groß, „habend" und deshalb attraktiv, wenn wir die von ihr gepriesenen Produkte kaufen. Die politische Propaganda gibt vor, einfache Lösungen für vielleicht nur sehr schwer lösbare Probleme zu haben. Das Fernsehen und viele andere Medien helfen uns, die Welt in gut und böse einzuteilen. Dann brauchen wir unsere wirklichen Gefühle der Angst, der Unsicherheit und des Gefährdet-Seins, nicht zuletzt auch unsere Schuldgefühle nicht mehr zu erleben. Wir können statt dessen Richter sein über andere und uns selbst jeweils zu den Guten und den Überlegenen zählen.

Viele Medien bestätigen die einfachen Lösungen nach dem Muster der narzißtischen Zurschaustellung, des Erfolgsdenkens und der Siegermentalität. In scheinbarer Naivität bilden sie die vereinfachenden Konfliktlösungen des „gesunden Volksempfin-

---

[4] Vgl. Thea Bauriedl: Der Kampf gegen die Abhängigkeit macht abhängig. In: Das Leben riskieren. Psychoanalytische Perspektiven des politischen Widerstands. Piper, München 1988.

dens" ab und bestätigen dadurch ständig das falsche Selbst unserer Gesellschaft. Differenziertere Gefühle und Überlegungen sind in den von diesen Medien wiedergegebenen „alltäglichen" Szenen unserer Lebenswelt zumeist nicht enthalten. Damit tragen die Medien zur Brutalisierung unserer Gesellschaft bei, und dies nicht nur durch die Gewaltszenen, die sie zeigen. Sie reduzieren die bedrohliche Komplexität der Probleme auf eine scheinbar weniger bedrohliche Einfachheit. Das vermittelt eine kurzfristige Beruhigung und wird deswegen gut bezahlt.

Wo die echte Angst durch ständige Beruhigung genommen wird, muß statt dessen falsche Angst geliefert werden. Dies geschieht reichlich in Horrorvideos und entsprechenden Fernsehsendungen. Auch sie haben den Charakter von Suchtmitteln, die immer wieder und in immer stärkeren Dosen eingenommen werden müssen, um ihre Funktion zu erfüllen: Gleichzeitig Angst zu machen und die Angst als gemachte Angst zu entschärfen. Die echte Angst ist dann weniger bedrohlich. Aber die so verdrängte echte Angst kann dann ihre natürliche Funktion nicht mehr erfüllen. Sie führt nicht mehr dazu, daß wir (politisch) etwas gegen die Gefahr tun. Es sieht so aus, als fände das Leben im Fernsehen statt. So, wie es dort gezeigt wird, wird es wohl sein, so glauben wir gerne. Ein Leben, das an- und abgeschaltet werden kann, macht weniger Angst als ein echtes Leben. So werden die Zuschauer dazu gebracht – und bringen sich selbst dazu –, fremdes Erleben in sich hereinzunehmen. Diese ständige Introjektion von Fremdem und Falschem ersetzt zunehmend den gegenseitigen Austausch im Gespräch, das gleichzeitig immer mehr verkümmert.

Der Verlust der *Freiheit zum Gespräch* fällt schon kaum mehr auf. Man bekommt ja immer etwas „geboten". In letzter Zeit wird durch das „interaktive Fernsehen" zusätzlich die Möglichkeit einer Interaktion vorgetäuscht. Durch die darin angebotene Auswahl der möglichen Ereignisse entsteht bei dem jetzt „aktiven" Zuschauer oder Spieler am Bildschirm des Computers die Illusion einer Mitwirkungsmöglichkeit. Aber bekommt er Antworten auf seine wichtigen Fragen? Erhält er eine Resonanz auf seine wichtigen und wirklichen Gefühle? Oder verwechselt er die Befehlsgewalt über die Ereignisse in einer virtuellen Welt mit dem Leben?

Diese Kritik an den Medien fällt uns Psychotherapeuten verhältnismäßig leicht. Aber wie sieht es bei uns selbst aus? Wie sehen unsere Psychotherapien aus, wenn wir sie daraufhin untersuchen, ob wir wirklich nach dem wahren Selbst, nach den wirklichen und das heißt: nach den *eigenen* Gefühlen unserer Patienten suchen und ebenso nach unseren eigenen wirklichen Gefühlen? Oder bieten auch wir unseren Patienten ein neues falsches Selbst an, eine virtuelle Welt, die ihnen vielleicht kurzfristig weniger Angst macht? Da wir mitten in der eben beschriebenen Gesellschaft leben, denken und handeln, ist es nicht erstaunlich, wenn wir dieselben Elemente in unseren Psychotherapien wiederfinden, die wir in der übrigen Gesellschaft kritisieren. Ich will das nicht beklagen, denn es ist nicht anders zu erwarten. Bedenklich finde ich es, wenn wir uns nicht darum bemühen zu *erkennen*, wo wir die krankmachenden Mechanismen unserer Familien und unserer Gesellschaft wiederholen.

Ich habe versucht, mir die gegenwärtige Situation der Psychotherapeuten verschiedener Schulrichtungen unter der folgenden Fragestellung anzusehen: Wo ist die „Droge Arzt" eine Anregung zur Heilung, und wo bleibt sie „Droge" im Sinn der Fortsetzung der Sucht mit anderen Mitteln? Ich weiß, daß dies eine sehr brisante Fragestellung ist, die zu kontroversen Diskussionen Anlaß gibt.

Unter dem Eindruck bestimmter berufspolitischer Entwicklungen besteht zur Zeit eine Tendenz, alle psychotherapeutischen Theorien und Methoden in einen großen Topf zu werfen und gut umzurühren. Die Hoffnung, aus diesem Topf dann „ohne ideologischen Ballast" diejenige Methode entnehmen zu können, die für den jeweiligen Patienten die geeignetste ist, scheint bestechend zu sein.[5] Die Wahl der adäquaten Behandlung vereinfacht sich so auf die pragmatischen Fragen: Was

---

[5] Vor allem: Grawe, K., Donati, R. Bernauer, F.: Psychotherapie im Wandel. Von der Konfession zur Profession. Hogrefe, Göttingen 1993.

fehlt? Was ist zu tun? Als Reaktion auf die Frage nach der Effizienz medizinischer und psychotherapeutischer Methoden, die uns heute von seiten der Krankenkassen verständlicherweise gestellt wird, beginnen auch wir Psychotherapeuten uns wieder an das tradierte medizinische Denken zu halten. Wir glauben, daß medizinische und psychotherapeutische Methoden unabhängig vom Arzt oder Psychotherapeuten und *unabhängig von der Beziehung zwischen Arzt und Patient* beurteilt und angewandt werden können: Bestimmte Therapeutika (Medikamente oder Interventionen) werden gegen bestimmte Krankheiten eingesetzt. Was ein solches Vorgehen in der jeweils konkreten Therapeut-Patient-Beziehung *bedeutet*, wird übergangen. Es wird nur gefragt, welche Methode am besten und das heißt: am schnellsten „wirkt".

Diese Entwicklung verstehe ich allerdings nicht nur als Rückschritt. Sie enthält aus meiner Sicht auch den Versuch, sich einengender Dogmatismen zu entledigen, die seit langer Zeit den Streit zwischen den verschiedenen Schulen in der Psychotherapie prägen. Es sieht so aus, als wollte eine jüngere oder „freiere" Generation von Psychotherapeuten und Psychotherapeutinnen die Kämpfe der Älteren nicht fortsetzen, indem sie sich über die von diesen gesetzten Schranken des jeweils „Erlaubten" hinwegsetzt. Vielfach wird die mangelnde Fähigkeit und Bereitschaft der „orthodoxen" Vertreter bestimmter Schulen beklagt, andere Methoden zu akzeptieren. Und hat nicht der Dogmatismus insbesondere der Psychoanalytiker auch der Psychoanalyse selbst geschadet, wenn hier wie auch in manchen anderen Schulen das eigene Denken für das einzig richtige und „wahre" gehalten wurde und „Andersgläubige" diffamiert wurden? Ist nicht die Unfähigkeit, miteinander ins Gespräch zu kommen und sich statt dessen mit Entwertungen abzuschotten, ein schlechtes Zeichen für unsere Demokratiefähigkeit – oder vielleicht auch für unsere unsichere Identität als Psychoanalytiker? Sind wir nicht selbst mitschuldig daran, daß ständig neue psychotherapeutische Schulen entstehen, die gegen den Dogmatismus der „Alten" einen ebensolchen neuen Dogmatismus entwickeln?

Ich meine, man kann die neue Entwicklung unter zwei unterschiedlichen Gesichtspunkten betrachten. Man kann sagen: „Es ist der Zerfall aller heiligen Werte", oder man kann sagen: „Es ist die Suche nach neuen Werten". Wenn man den zweiten Gesichtspunkt einnehmen will, muß man sich allerdings auch mit der Frage befassen, welche denn nun die neuen Werte sein sollen. Erst hier kann ein fruchtbarer Veränderungsprozeß beginnen. Der erste Schritt aus einer autoritären Orthodoxie ist häufig ein Schritt in die pluralistische Beliebigkeit, die dann oft schon mit Freiheit verwechselt wird. Wenn aber Freiheit nicht Grenzenlosigkeit sein soll, sondern als *Freiheit zum Gespräch*, zum Finden von Grenzen im Verständigungsprozeß verstanden wird, dann muß das Verlassen der orthodoxen Positionen mit dem Beginn eines „unendlichen Gesprächs" über die jeweils bewußt und unbewußt zugrunde liegenden Werte einhergehen.

Denn beide Positionen, die Orthodoxie ebenso wie der unkritische „Eintopf", scheinen mir Anzeichen für eine Unfähigkeit zum kritischen Gespräch zu sein. Die dogmatische Haltung mancher Schulen sehe ich als ersatzweise Abgrenzung gegen Andersdenkende, da der Dialog nicht oder noch nicht gelingt. Wenn Grenzen durch Polemik markiert werden müssen, weist das zumeist auf eine Unsicherheit in der eigenen Identität hin. Aber auch der „Eintopf" scheint mir den Versuch darzustellen, sich nicht auseinandersetzen zu müssen. Verständlich wird diese Unfähigkeit zum Gespräch aus der Angst vor Entwertung, die droht, sobald unterschiedliche Meinungen aufeinander treffen. Die Konfliktunfähigkeit ist leider auch unter Psychotherapeuten weit verbreitet.

In diesem Feld, wo es nicht zuletzt um berufspolitische, also um ökonomisch motivierte Positionen geht, wird häufig mit der Gegenüberstellung von Wissenschaftlichkeit einerseits und Ideologielastigkeit andererseits argumentiert. Ich halte diese Gegenüberstellung für eine (im Konkurrenzkampf allerdings vorteilhafte) Illusion. Jede Wissenschaft wird von einer Ideologie getragen, die ebenso zu hinterfragen ist wie sogenannte unwissenschaftliche Überzeugungen und Werthaltungen. Wo nur noch die Pragmatik wegweisend sein soll, wird *der Psychotherapeut als Person ausgelassen*, und das hat durchaus ideologischen Charakter. Er muß sich dann zwar keiner Kritik mehr stellen, wenn er sich verhält wie es seine Therapiehandbücher vorschreiben, aber er funktionalisiert sich selbst dadurch, daß seine Person scheinbar an seiner Therapie nicht mitbeteiligt ist. Die Folge ist, daß er zwangsläufig seine Patienten ebenso funktionalisieren wird.

Wenn wir also die reine Pragmatik als ein oberflächliches und wissenschaftlich anachronistisches Kriterium für die Qualität einer Psychotherapie verwerfen, dann stellt sich die Frage nach einem neuen Kriterium, das dem Stand der wissenschaftlichen Erkenntnisse angemessen ist. Mir scheint, daß wir ein Kriterium brauchen, das einen *Prozeß* beschreibt, nicht eine Leistung. Wenn Gesundheit nicht ein Zustand ist, sondern ein Prozeß, dann müssen wir Therapien jeder Art (auch die „rein medizinischen") als Hilfestellung bei diesem Prozeß des Sichgesund-Erhaltens beziehungsweise des Gesünder-Werdens definieren. Das schließt entgegen manchen kritischen Einwänden von seiten rein pragmatisch denkender Kollegen und Kolleginnen nicht aus, daß es auch um die Wirksamkeit geht. Die Hilfe beim „Gesünder-Werden" besteht natürlich darin, sich selbst und den Leidenden im weitesten Sinn zu *fragen*, welche Art der Hilfe oder Anregung er brauchen könnte. Wesentlich an dem von mir gemeinten Unterschied ist, *daß es sich prinzipiell nicht um eine „Verordnung" handeln kann, wenn es um die Wiedereinführung des verloren gegangenen Gesprächs geht*. Jedes „Medikament" im direkten und im übertragenen Sinn, also auch jede Frage, jede Deutung, „spricht den Leidenden an". Welche Botschaft dabei vermittelt wird, wäre zu untersuchen, wenn man wirklich herausfinden will, ob und inwieweit im jeweiligen Fall die medizinische oder psychotherapeutische Hilfe eine Fortsetzung der Sucht mit anderen Mitteln ist.

Dabei würde sich wahrscheinlich herausstellen, daß es keine „drogenfreie" Behandlung gibt, und daß der „Drogenanteil" an jeder Behandlung, also der Teil, der zunächst beruhigend und nicht aufdeckend wirkt, desto größer ist, je ausgeprägter die

„Sucht" des Patienten, also die Beziehungsstörung im weitesten Sinn ist. Aber entsprechend gilt auch, daß der „Drogenanteil" desto größer ist, je ausgeprägter die „Suchttendenz" des Therapeuten ist. An dieser Stelle sind wiederum die Ausbilder von Psychotherapeuten und die psychotherapeutischen Fachgesellschaften gefragt und ebenso die Institutionen, denen die Überwachung der Zulassung von Psychotherapeuten obliegt.

Das Kriterium, nach dem sich alle analytischen Psychotherapien, aber auch alle anderen Psychotherapien, hinterfragen lassen müßten, wäre also zum Beispiel durch folgende Fragen gekennzeichnet: Wird der (psychisch) kranke Mensch als ein nicht funktionierendes Rädchen gesehen, das – wenn auch in scheinbar eindeutiger Übereinstimmung mit dem Willen des Patienten – dazu gebracht werden soll, wieder zu funktionieren, oder wird er gefragt, wie es ihm geht und was *er* deswegen tun will? Wird die innere Leere des Patienten durch die Produktion von Ersatzgefühlen gefüllt oder läßt man sich gemeinsam auf die nicht mehr wahrgenommenen und nur schwer mitteilbaren wirklichen Schmerzen, Ängste und Wünsche des Patienten ein? Vermittelt man ihm das Gefühl, daß er sich die Welt und damit auch seine eigene Gefühlswelt je nach Bedarf „konstruieren" kann, als säße er am Computer, oder vermittelt man auch im Erleben der therapeutischen Beziehung, daß wir alle voneinander abhängig sind, und daß diese Abhängigkeit nicht von Natur aus bedrohlich ist, sondern daß sie die Grundlage unseres mitmenschlichen Zusammenlebens ist?

Die angedeutete zweite Version der Therapie kann nicht von einem Arzt oder Therapeuten ermöglicht werden, der nur „gut funktioniert". Hier ist der Arzt oder Psychotherapeut in seinen mitmenschlichen Qualitäten, vor allem in seiner Dialogfähigkeit gefragt. Niemand kann einem anderen Menschen einen Freiheitsraum bieten, in dem dieser sich entfalten und sein wahres Selbst finden kann, der diesen Raum nicht selbst zu begehen versucht. Die psychische Struktur eines jeden Arztes oder Psychotherapeuten ist das wichtigste Element jeder Art von Behandlung, weil sie sich unweigerlich in der Art seines Beziehungsangebots ausdrückt.

Diese Tatsache kann keine noch so geschickte „Behandlungstechnik" aus der Welt schaffen. Ich will damit nicht sagen, daß „handwerkliche" Erfahrung in der Psychotherapie unwichtig wäre, aber ich will nachdrücklich darauf hinweisen, daß das wichtigste und wirkungsvollste „Instrument" jedes Arztes oder Psychotherapeuten seine Person ist. Um sich arbeitsfähig zu halten, muß er ständig für seine eigene Psychohygiene sorgen, und das heißt: Er muß ständig um seinen eigenen Freiraum, um sein wahres Selbst ringen. Verliert er den Zugang zu seinen wirklichen Gefühlen, dann droht er mit dem Patienten zu verschmelzen, und das bedeutet dann: Er wird ihn in irgendeiner Weise mißbrauchen, er wird den Mißbrauch wiederholen, dem der Patient in seiner Kindheit ausgeliefert war; aber er wird gleichzeitig auch den Mißbrauch wiederholen, dem er, der Therapeut, selbst in seiner eigenen Kindheit ausgeliefert war.

Denn Mißbrauchsbeziehungen beruhen wegen der hier wirksamen „grenzenlosen" Beziehungsdynamik immer auf Gegenseitigkeit. Wer den anderen mißbraucht, läßt sich im selben Moment auch selbst mißbrauchen. Trotzdem liegt in der Psychotherapie die Verantwortung für die Wiederholung der Sucht eindeutig beim Psychotherapeuten. Nur wenn er diese Verantwortung erlebt und sie bewußt übernimmt, kann auch der Patient seinerseits Abwehrkräfte gegen seine Sucht, die Grenzen zu überschreiten, entwickeln.

## „Technikfolgenabschätzung" – eine Möglichkeit, sich in der Gefahr zu orientieren

Im Bereich der Ökologie hat sich eine Methode herausgebildet, die einen wichtigen Beitrag zur Orientierung in der Vielfalt der selbstproduzierten Gefahren leisten kann: die Methode der Technikfolgenabschätzung. Man fordert eine wissenschaftliche Überprüfung der Folgen des menschlichen Tuns, bezogen nicht nur auf die Effizienz dieses Tuns, sondern darüber hinaus auch auf die „Risiken und Nebenwirkungen", die dieses Tun in vielerlei anderer Hinsicht haben kann und hat. Da wir bereits eine Generation sind, die sich darüber bewußt geworden ist, wie sehr sie selbst unter den „Sünden" der Elterngenerationen leidet, sehen wir zunehmend auch die Folgelasten unseres eigenen Tuns für unsere Nachkommen. Es besteht ein Bedürfnis nach Antizipation, nach der Möglichkeit, die Folgen unserer naturwissenschaftlichen Erkenntnisse und technischen Methoden vorherzusehen und zu berücksichtigen. Das große Erschrecken über die Folgen der Atombombenabwürfe über Hiroshima und Nagasaki brachte ein Gefühl der grenzenlosen Schuld mit sich, wie es seit Urzeiten in den Mythen der Menschen, so auch in der biblischen Geschichte von der selbstverschuldeten Vertreibung aus dem Paradies enthalten ist. Dieses Gefühl wiederholte sich seitdem immer wieder, zuletzt 1986 nach dem Reaktorunglück in Tschernobyl. Latent ist es zu einem Dauergefühl geworden, das sich bei unterschiedlichen Menschen in unterschiedlicher Weise auswirkt, das allerdings auch vielen Menschen nicht bewußt ist.

Versuche, die anscheinend unberechenbare und unaufhaltbare Sucht der Menschen nach mehr „blinder Erkenntnis" (Bewältigungswissen) und mehr Macht zu stoppen, verursachen regelmäßig die Angst, dann „gar nichts mehr" tun zu können oder zu dürfen. Diese Befürchtung folgt der Phantasie: Entweder man darf alles oder man darf nichts. Die Suche nach den Grenzen des Erlaubten und des Zuträglichen löst die Angst vor der Lähmung, vor dem Eingesperrt- und Behindert-Sein aus. Mit moralischen Kategorien und Begründungen alleine ist dieses Problem nicht zu lösen. Wir brauchen eine *strukturelle* Veränderung unseres kollektiven Bewußtseins, die dieses Entweder-Oder in Frage stellt und unsere kreative Kraft fördert, in der Situation der Gefahr *völlig neue Fragen zu stellen und neue Antworten zu suchen.*

Die Forderung nach Technikfolgenabschätzung wird oft mit Technikfeindlichkeit verwechselt oder im Kampf gegen eine kritische Beurteilung der Technikfolgen absichtlich als Technikfeindlichkeit diffamiert. Wenn man aber diese Methode so versteht, daß es darum geht, zur Abwehr von Gefahren neue

Fragen zu stellen und neue Antworten zu finden, dann wird deutlich, daß nicht der Weg „zurück in die Steinzeit" gesucht werden soll, sondern daß das, was wir tun, mit und ohne (technische) Instrumente, mit und ohne Chemie jeder Art, in bezug auf seine Folgen neu bedacht werden soll.

In der Pharmakologie wird die systematische Untersuchung von „Risiken und Nebenwirkungen" seit langem gefordert und auch durchgeführt – soweit es die Interessen der Großtechnik und der Pharmaindustrie zulassen. Die Folgen der verschiedenen „Techniken" auf dem Gebiet der Psychotherapie kommen erst in allerletzter Zeit ein wenig ins Blickfeld. Eine kritische Beurteilung der verschiedenen Wege, auf denen in der Psychotherapie das „Heil" oder die „Heilung" gesucht werden, bringt die neue Frage mit sich, weshalb „Täter" jeder Art (diejenigen, die etwas „tun") das tun, was sie tun. Es geht dabei immer auch um die vielschichtige Dynamik der „Täter" und des Kollektivs, in dem die jeweiligen „Taten" geschehen und vielleicht für „ganz normal" gehalten werden.

Die Methoden, die in verschiedenen Sekten als „Psychotherapie" bezeichnet und zur Unterdrückung und Ausbeutung von Menschen und ihrer Angst angewandt werden, wurden bisher vor allem von Sektenbeauftragten untersucht. Jetzt führen diese Erkenntnisse allmählich zu Überlegungen, ob und wie man solche Organisationen offiziell verbieten könnte. Aber der große Markt der Ausbeutung und des Mißbrauchs von Menschen in den zahllosen „psychotherapeutischen" Methoden, durch „Heiler" verschiedenster Art, ist noch weitgehend ein gesellschaftliches Tabufeld, auf dem man sich nicht auskennt und das man kaum zu betreten wagt.

Woran liegt das? Was bewirkt diese Scheu, auch auf dem Gebiet der als „Psychotherapie" bezeichneten Heilsversprechen nach Prinzipien zu suchen, die hilfreich sein könnten, um die Wiederholungen der mißbräuchlichen Grenzüberschreitungen in aktiver und passiver Form aufzudecken? Liegt es daran, daß die hier angebotenen Heilsversprechen und die immer drängender werdende Heilssuche der einzelnen den kollektiven Phantasien in unserer Gesellschaft zu ähnlich sind, als daß wir – uns selbst und andere – über die in ihnen enthaltenen Mechanismen aufklären könnten oder wollten? Müßten wir uns vielleicht eigener Heilsphantasien und repressiver Mechanismen bewußt werden, die unser aller Alltag prägen und die in den verschiedenen „Psychotherapie"-Formen nur in extremer Form zum Ausdruck kommen? Und müßten die „seriösen" Psychotherapeuten vielleicht erkennen, daß Elemente, die sie beim Mißbrauch von Menschen durch Sekten beklagen – oder auch nicht zur Kenntnis nehmen – in ihren therapeutischen Beziehungen ebenso vorkommen, wenn auch in sehr viel geringerem Maß und zumeist nicht in bewußter Absicht?

Ich halte es für eine große Chance, die Phantasien und Techniken, die die Grundlage unseres therapeutischen Handelns bilden, vor dem Hintergrund und in kritischer Zusammenschau mit den in unserer Gesellschaft enthaltenen Phantasien und Techniken zu reflektieren. *Jede Technikfolgenabschätzung muß die beurteilte Technik transzendieren, um sie kritisieren zu können.* Man muß dabei auch die Folgen erfassen, die von dieser Technik selbst nicht intendiert werden. Sonst bleibt man bei der reinen Effizienzuntersuchung stehen, die allerdings selbst wieder Ausdruck des allgemeinen Trends ist, sich von grundsätzlichen Bedenken nicht behindern zu lassen und bestens funktionierend nur auf die Erreichung eines selbstgesetzten Zieles zuzustreben. *Der Beweis der Wirksamkeit wird dann (scheinbar) zum Beweis der Ungefährlichkeit.*

Wenn ich die zum Teil einseitigen Tendenzen in unserer gegenwärtigen Psychotherapieforschung kritisiere, will ich nicht die Psychotherapieforschung an sich an den Pranger stellen, sondern zu ihrer Verbesserung beitragen. Ich möchte dafür plädieren, daß die Motive und eventuell negativen Folgen dessen, was wir Psychotherapeuten und Psychotherapeutinnen tun, ausdrücklich in die Forschung einbezogen werden. Bisher wurden auf diesem Feld die Motive des Psychotherapeuten oder der Psychotherapeutin, aber auch die Motive der Psychotherapieforscher/innen nicht reflektiert. Da aber die Motive, insbesondere die unbewußten Motive, wesentlich den Weg und das Ergebnis einer Handlung, also auch der Forschung, prägen, genügt es nicht, nur die Erreichung eines ebenfalls nicht kritisch hinterfragten Zieles als Erfolg darzustellen.

Psychotherapie und die in ihr wirksamen Phantasien und Methoden spielen sich in dieser Gesellschaft und in dieser Zeit ab. Sie können nicht isoliert von ihrem Umfeld betrachtet werden. Wenn wir unsere Verantwortung für die einzelnen Patienten und für die gemeinsame gesellschaftliche Entwicklung ernst nehmen, werden wir uns auch auf unserem eigenen Arbeitsgebiet mit den Fragen der „Technikfolgenabschätzung" beschäftigen müssen. Freilich ist die Anwendung dieser Methode auf dem Gebiet der Psychotherapieforschung wesentlich komplizierter als im Bereich der Biologie oder der naturwissenschaftlichen Medizin, müssen wir hier doch eindeutig die (zum Teil unbewußten) Prozesse einbeziehen, die zur Wiederholung des Mißbrauchs von Menschen durch Menschen führen. Das bedeutet, daß wir auf diesem Gebiet uns selbst, unsere tägliche Arbeit und unsere gesamtgesellschaftlichen Mechanismen viel mehr in Frage stellen müssen als dies im Bereich der „objektiven" Wissenschaften der Fall ist.

Im Feld der Psychotherapie steckt die selbstkritische Forschung noch in den Kinderschuhen. Ethikkommissionen gibt es hier noch kaum. Welchen „Arzt oder Apotheker" könnten wir hier „wegen der Risiken und Nebenwirkungen fragen", wie es so schön in der Werbung für pharmazeutische Produkte heißt? Unsere Gesellschaft hat anscheinend noch kaum ein Gefühl dafür entwickelt, daß das, was Psychotherapeuten tun, auch Folgen haben kann, unter bestimmten Umständen eben auch schädliche Folgen. Man sieht zwar erschreckende Einzelfälle, die in den Medien „ausgeschlachtet" werden. Diese Einzelfälle werden dann — je nach persönlichem Erkenntnisinteresse — entweder „der" Psychotherapie insgesamt in die Schuhe geschoben und/oder von den Angehörigen der psychotherapeutischen Zunft durch Nicht-Reagieren verharmlost. Eine deutliche Nachfrage aus der Öffentlichkeit nach Kriterien, wie man Mißbrauch in der Psychotherapie abgesehen von spektakulären Einzelfällen *grundsätzlich* erkennen kann, besteht kaum.

Für diese Forschung müßte man sich natürlich zuerst einmal auf gemeinsame Kriterien einigen, die zur Beurteilung der „Technikfolgen" herangezogen werden sollen. Hier kann ich nur aus meiner psychoanalytischen Sicht Vorschläge machen, wie jeder psychotherapeutische Prozeß sinnvollerweise untersucht werden könnte, um negative Folgen im Sinne der Schädigung von Patienten zu erkennen. Die übereinstimmenden Ergebnisse der Psychotherapieforschung weisen auf die große Bedeutung der *therapeutischen Beziehung* hin. Aber was ist eine gute psychotherapeutische Beziehung? Verstehen wir darunter die Fähigkeit des Patienten und/oder des Therapeuten, Konflikten aus dem Wege zu gehen, oder Konflikte in produktiver Weise anwachsen zu lassen und durchzuarbeiten? Eine „gute Beziehung" wird sehr unterschiedlich definiert, je nachdem, was der oder die einzelne in ihr sucht: Sicherheit, Befriedigung, Aufregung, Kampf, Bestätigung, Parteinahme, Rauschzustand, Beruhigung, Trost, Anregung zur Veränderung und vieles andere mehr.

In der Psychoanalyse existiert seit 1914[6] der Begriff *Wiederholungszwang*, der in verschiedenen Psychotherapieformen in anderer Bezeichnung und mit etwas anderer Bedeutung aufgenommen wurde, so z.B. unter der Bezeichnung „Lebensskript" oder wenn man von der „Homöostase eines Systems" spricht. Freud verstand diesen Begriff dialektisch. Er sah in der ständigen Wiederholung derselben Szenen sowohl den Impuls, sich immer wieder auf dieselbe Weise Sicherheit zu verschaffen, also die einmal gefundenen Angstabwehrmechanismen zu wiederholen, aber gleichzeitig auch den Impuls, neue Möglichkeiten der Bewältigung desselben Konflikts zu finden. Der Wiederholungszwang ist nicht etwa ein „Fehler", sondern ein natürlicher Mechanismus, der das intrapsychische Gleichgewicht der Personen und ihrer Beziehungen untereinander aufrecht erhält und gleichzeitig nach Veränderung drängt. Die Wiederholung von szenischen Ereignissen in der subjektiven Wahrnehmung jedes Menschen und auch die Wiederholung von spezifischen

---

[6] Sigmund Freud: Weitere Ratschläge zur Technik der Psychoanalyse: I. Erinnern, Wiederholen und Durcharbeiten. G.W. Bd. X, S. 125–136.

Reaktionen auf die derart wahrgenommenen Szenen können und müssen auch in der psychoanalytischen Therapie nicht „gemacht" werden. Es geht darum, daß der Analytiker sie *erkennt* und so sich selbst und den Patienten versteht

Ich halte das theoretische Bild der szenischen *Wiederholungen von Konfliktsituationen und ihrer Lösungsversuche* für die geeignete Folie, auf der wir zunächst einmal die theoretischen Grundlagen der verschiedenen psychotherapeutischen Methoden und dann auch jede einzelne Psychotherapie und jede einzelne psychotherapeutische Situation untersuchen können. Es stellen sich dann folgende Forschungsfragen: Wiederholt sich hier nur dasselbe, oder bekommen die in dem oder den Patienten erkennbaren Veränderungsimpulse einen geschützten Raum, in dem sie sich verwirklichen können?

Die „Risiken und Nebenwirkungen", also die Schäden, die auch in einer psychotherapeutischen Behandlung für den Patienten oder die Patientin entstehen können, beruhen auf der Wiederholung von Grenzüberschreitungen in der Therapeut-Patient-Beziehung, die in der persönlichen Geschichte der Patienten und/oder des/der Psychotherapeuten/tin enthalten sind. Grundsätzlich sind solche Grenzüberschreitungen aus beiden Perspektiven verstehbar, aus der Perspektive des/der Patienten/tin und auch aus der Perspektive des/der Psychotherapeuten/tin. Man wiederholt als Opfer und als Täter die Szenen, denen man als Kind ausgeliefert war, weil man immer *alle* Rollen solcher Szenen introjiziert und sich dabei zwangsläufig innerlich auch mit allen Rollen einverstanden erklärt hat.

Nur die innere Kündigung dieser Einverständniserklärung kann die Wiederholung derselben Szene verhindern. Deshalb ist aus Sicht der Psychoanalyse eine so intensive Ausbildung der Person des/der Psychoanalytikers/rin in der Lehranalyse und in der jahrelangen analysierenden Supervision nötig. Das Wiedererleben der eigenen Gewaltszenen und die emanzipatorische Infragestellung („Durcharbeiten") der unbewußten und zwangsläufigen Einverständniserklärung mit dem Ablauf dieser Szene kann verhindern, daß der Psychoanalytiker oder die Psychoanalytikerin unbewußt in dieselben Muster verfällt, die ihm oder ihr in seiner/ihrer bisherigen Geschichte begegnet sind und die ihm/ihr durch die Konfrontation mit der Übertragung der Patienten unbewußt nahegelegt werden.

Die Tendenz zur Wiederholung der Grenzüberschreitung besteht in jeder Psychotherapie, natürlich auch in jeder somatischen Therapie wie auch in allen anderen zwischenmenschlichen Beziehungen. Keine therapeutische Methode – und sei sie noch so „rational" – hilft über dieses Problem hinweg. Es ist nur die Frage, ob man die Wiederholung eventuell auch in der „richtigen" Anwendung einer scheinbar „einwandfreien" Methode erkennt oder nicht. Wie oft werden grenzüberschreitende Verhaltensweisen als „nötig" und „richtig", weil „gut für den Patienten" erklärt, wenn man nicht sehen kann oder will, *welche Bedeutung diese „Technik" in der aktuellen Beziehung* im jeweils konkreten Fall hat. Die plötzlich dann „rein technische" Art zu denken beseitigt alle Skrupel, die vielleicht doch auftreten würden, würde man *spüren*, worum es geht und daß man hier nicht als Techniker, sondern als Person gefordert ist, den Wiederholungstendenzen *in der eigenen Person* zu widerstehen. Wirklich erkannt werden kann die Wiederholung nämlich nur auf der Beziehungsebene und mit Hilfe der introspektiven Wahrnehmung des Therapeuten oder der Therapeutin. Auch diese Fähigkeit bedarf der intensiven Ausbildung – wenn man sich denn überhaupt um die Frage der Schädigung von Patienten durch Therapeuten kümmern will.

Diese kritischen und selbstkritischen Ausführungen mögen für manchen Kollegen oder manche Kollegin „puristisch" und utopisch klingen. Wegen meiner grundsätzlichen Überlegungen zur Frage der therapeutischen Abstinenz wird mir gelegentlich auch allzu große „Strenge" vorgeworfen. In einem psychotherapeutischen Konzept wie dem psychoanalytischen, in dem die Abstinenz das ist, was die Veränderungsprozesse in Gang setzt und in Gang hält[7], ist aus meiner Sicht die „Technikfolgen-

---

[7] Thea Bauriedl: Beziehungsanalyse. Suhrkamp, Frankfurt/M. 1980 und Thea Bauriedl: Auch ohne Couch. Verlag Internationale Psychoanalyse, Stuttgart 1994.

abschätzung" und die Untersuchung der „Risiken und Nebenwirkungen" von größter Wichtigkeit – gerade *weil* sie gleichzeitig *die sinnvollste Form der Wirksamkeitsforschung* darstellt. Kein anderer Weg auch auf dem Gebiet der ökologischen Forschung ist so innovativ wie die kritische Untersuchung der Ursachen und Folgen dessen, was wir tun, auch und gerade wenn die immer wieder *neue* Frage nach der Schädlichkeit unseres Tuns nach *neuen* Antworten verlangt.

Das derzeit zunehmende lineare Effizienzdenken in der Psychotherapie wiederholt den Druck auf die Patienten (und auf die Therapeuten), sich möglichst schnell in die „richtige" Richtung zu verändern. Damit wiederholt sich die Kindheitsszene, in der wir alle – mehr oder weniger – in unseren Lebensmöglichkeiten beschädigt wurden. *Effizienz in diesem Sinn bedeutet und verursacht Stillstand,* nicht Bewegung. Längst ist im Bereich der Kreativitätsforschung – zum Beispiel in Betrieben – klar geworden, daß Lebendigkeit und Kreativität nicht unter Druck, sondern nur bei nachlassendem Druck in „geschützten Räumen" verbessert werden können. Das Beseitigen „störender" Gefühle in der Psychotherapie durch erneutes „Programmieren", um „schnell vorwärts" zu kommen, bedeutet die Wiederholung des Gleichen, nicht Veränderung.

Natürlich hängen solche Überlegungen mit dem Menschenbild und mit den Vorstellungen von der Entstehung und der Dynamik psychischer und psychosomatischer Erkrankungen zusammen, die man jeweils hat. Wenn man diese Erkrankung als Ausdruck und Folge des kollektiven und individuellen Leistungs- und Anpassungsdrucks versteht und wenn man den Menschen als ein eigenständiges Wesen betrachtet, das grundsätzlich leben und gesund sein will, sobald es dazu eine Chance hat, dann wird man andere Wege für die Gesunderhaltung und die Therapie suchen und finden, als wenn man den Menschen und damit jeden Patienten als ein Wesen ansieht, das man durch möglichst effektive „psychotechnische" Wirkmechanismen zur „Gesundheit" zwingen muß.

Ich glaube, daß diese und ähnliche Überlegungen auf dem Gebiet der „Technikfolgenabschätzung" zu völlig neuen Antworten auf die Frage nach den Prinzipien der Effektivität in der Psychotherapie führen können.

## Die Suche nach dem „Gegengift"

Um die Auswirkungen des Wiederholungszwangs etwas anschaulicher darzustellen, möchte ich im folgenden ein theoretisches Bild beschreiben, das sich in den letzten Jahren immer deutlicher in mir entwickelt hat: Die Suche nach dem „Gegengift". Bei der Beobachtung meiner eigenen psychoanalytischen Tätigkeit und auch in der Arbeit mit Kolleginnen und Kollegen, die ihre Psychotherapien mit mir besprechen, fiel mir immer wieder auf, daß Patienten trotz aller Leiden sich als Mittel zur Heilung ihrer Beschädigungen nur immer wieder dasselbe vorstellen können, was ihnen geschadet hat. Wie nach einem Schlangenbiß suchen sie das „Antidot", das „Gegengift", das die Folgen ihrer Vergiftung in ihrer Phantasie mit einem Schlag aufheben kann. Und dieses „Gegenteil des Bösen" ist, betrachtet auf der Beziehungsebene, stets ebenfalls ein Gift, denn es gehört der Szene an, in der die Schädigung geschehen ist; es ist ebenfalls ein Gift.

Eine „neue Frage", die sich aus meiner Sicht der eben beschriebenen „Technikfolgenabschätzung" ergibt, heißt nun: Wo entsprechen die Vorstellungen der Psychotherapeuten und die psychotherapeutischen Lehrmeinungen über die Heilung psychischer Erkrankungen der Suche nach dem Gegengift, die die Patienten zwangsläufig betreiben? Und wo transzendieren die Vorstellungen über psychotherapeutische Veränderungsprozesse die Suche nach dem Gegengift? Wo werden auch innerhalb jedes einzelnen psychotherapeutischen Prozesses *neue* Fragen gestellt und *neue* Antworten gesucht, und wo bleiben die bisherigen Beziehungsstrukturen unangetastet bestehen?

Beeindruckend war kürzlich für mich in diesem Zusammenhang der Bericht eines Mannes, der in einer öffentlichen Veranstaltung schilderte, wie er immer wieder während der katholischen Meßfeier zur Kommunion gehen muß und die dort in den Mund genommene Hostie vor dem Pfarrer ausspucken muß. Er führte diese Zwangshandlung darauf zurück, daß er in der Kindheit stets gezwungen wurde zur Kirche zu gehen und daß er von diesem Zwang der Eltern erst befreit wurde, als er drohte, sich vom Dach des Hauses zu stürzen. Trotzdem müsse er jetzt noch die damals unter Zwang aufgenommenen Hostien „alle" wieder aus seinem Mund beseitigen, was er nur dadurch bewerkstelligen könne, daß er sie immer wieder aufnehme und dann ausspucke.

In dieser Szene zeigt sich die *Ambivalenz des Wiederholungszwangs*: Der Mann muß sich immer wieder als Opfer in die Vergewaltigungsszene begeben und gleichzeitig dem Pfarrer heute demonstrieren, daß er die Vergewaltigung durch die „Zwangsfütterung" damals nicht wollte, beziehungsweise sie heute nicht will. Er kann damit nicht aufhören, weil er noch immer und lebenslang die Erlösung von dem „Übel" sucht, das Gegengift gegen das Gift, das er in seiner Kindheit zwangsläufig von seinen Eltern und eventuell von anderen Bezugspersonen aufgenommen hat. Es könnte zum Beispiel sein, daß er als Kind Opfer des sexuellen Mißbrauchs durch einen Pfarrer wurde. Diese Vermutung ist allerdings in diesem konkreten Fall durch keinerlei Daten belegt. Sie beruht ausschließlich auf der Erfahrung mit ähnlichen Symptomen. So wie diese als damalige Täter alles „Böse", was sie nicht in sich oder zwischen sich aushalten konnten, in einer grenzüberschreitenden Beziehung in den ihnen ausgelieferten Jungen hineingezwungen haben, so spuckt er selbst jetzt, seinerseits als Täter, die Hostie dem Pfarrer entgegen, der dieses „Übel" dann zwangsläufig in seiner Welt, in seiner Kirche haben und beseitigen muß.

Gleichzeitig wiederholt er als Opfer die „Zwangsfütterung". Als Opfer des Pfarrers wird er in seinem Bewußtsein „gut", als Täter wird er „böse". Die Reinszenierung des Übergriffs und des hilflosen Protests dagegen ist sein Symptom geworden, das er unaufhörlich wiederholen muß.

In diesem Beispiel einer pathologischen Entwicklung läßt sich die Dynamik der „Suche nach dem Gegengift" nachvollziehen. Ich bin überzeugt, daß wir alle, und ganz besonders auch als Patienten und Therapeuten, uns immer wieder auf die Suche nach dem erlösenden Gegengift begeben, das die ursprüngliche „Vergiftung" unserer Beziehungsstrukturen auflösen könnte. Viele unserer Mythen und Märchen handeln von der Suche nach Erlösung, die dort sehr oft durch ein Wundermittel, durch die Opferung einer „unschuldigen" Jungfrau, durch einen den ursprünglichen Fluch unschädlich machenden „Gegen-Fluch", durch die plötzlich doch vorhandene Fürsorge eines für verloren gehaltenen Elternteils etc. möglich wird. Immer muß irgend etwas „Wunderbares" geschehen, etwas, das es vorher in diesem System nicht gab. Für die therapeutische Beziehung bleibt zu klären, was im jeweiligen Fall vom Patienten und auch vom Therapeuten als heilbringendes Mittel angesehen wird. Sehr häufig gehen die Phantasien von Therapeuten und Patienten in die Richtung, daß das Gift eben wieder „ausgespuckt" werden müßte. Aber: Was ist das Gift? Was bedeutet das Ausspucken?

Unsere Kultur ist am stärksten von dem Weltbild der christlichen Religion geprägt. In diesem Weltbild besteht das „Übel" darin, daß ein Mensch wegen seiner „Sünden", also wegen seiner „Ab-Sonderung", nicht mehr zur Gemeinschaft (der Heiligen) gehört. Er hat die Gebote dieser Gemeinschaft übertreten und sich so außerhalb derer gestellt, die „miteinander essen" dürfen. Er darf nicht mehr an der „Communio" teilnehmen. Da die Ausstoßung aus der Gemeinschaft *eine* der beiden großen Bedrohungen des Individuums darstellt, ist er fortan bestrebt, alles zu tun, um wieder aufgenommen zu werden. Das Kyrie eleison, das Herr erbarme dich, eröffnet jede Messe. Danach folgt das Gloria, die Anbetung Gottes als Wiedergutmachung der Sünde. Die Kränkung des „Herrn" wird durch demonstrative Unterwerfung unter dessen Gesetze rückgängig gemacht, worauf im Credo die Bestätigung des gemeinsamen Glaubens und damit der Zusammengehörigkeit stattfindet. Im Sanctus, Hosianna und Benedictus bricht der Jubel über die gelungene Wiedereingliederung in die „heilige Gemeinschaft" aus, worauf das „leidende Lamm Gottes" im Agnus Dei und Dona nobis pacem darum gebeten wird, daß sich die Abspaltung nicht wiederholen soll, weil in Zukunft Friede herrschen soll zwischen den Menschen. Die Erlösung wird nach dem christlichen Glauben dadurch möglich, daß Gott Mensch geworden ist.

In Bildern der Familiendynamik können wir diese Szene aus der Perspektive des verstoßenen Kindes erleben: Der große Vater hat sich dem Kind in dessen Niedrigkeit, Kleinheit, Sündhaftigkeit und Abhängigkeit freundlich genähert. Er hat sein Leiden und das des Kindes auf sich genommen und dadurch das „Gift" beseitigt, das in den ständigen Schuldzuweisungen und den damit verbundenen Spaltungs- und Ausstoßungsvorgängen wirksam war. Das Leiden und die Schuld der anderen zu tragen anstatt es anderen aufzubürden, ist also *eine* Phantasie über die erlösende Handlung.

Auch wenn wir Psychotherapeuten manchmal glauben, mit den Vorstellungen der christlichen Religion und ihrer Kirchen nichts mehr zu tun zu haben, so spielt sich doch aus meiner Sicht in jeder zwischenmenschlichen Beziehung und um so deutlicher in jeder therapeutischen Beziehung das Drama der Ausstoßung aus der Gemeinschaft und das Ringen um die Wiederaufnahme in die Gemeinschaft ab. Das „Gift" ist die Ausstoßung, wobei es unterschiedliche Vorstellungen über die diese Ausstoßung verursachenden „Sünden" gibt, und der Vorgang der Erlösung besteht in der Wiederaufnahme in die Gemeinschaft.

In den beiden ersten Kapiteln dieses Buches habe ich die *doppelte Bedrohung* beschrieben, der Menschen in totalitären Beziehungsstrukturen ausgeliefert sind. Solche Strukturen gibt es natürlich auch in Familien: die Bedrohung, ausgeschlossen zu sein, wenn man nicht „gleich" ist, und die Bedrohung, als Individuum unterzugehen, wenn man dazugehören will. In der katholischen Kirche werden erst in letzter Zeit deutlicher die Gefühle erlebbar, die entstehen, wenn das Individuum nur als gehorsames „Teil" in einer Masse existieren darf. Das Kirchenvolksbegehren hat kürzlich auch hier den Widerstreit zwischen den beiden Bedrohungen deutlich erkennbar werden lassen, zwischen der Bedrohung, nicht mehr dazu zu gehören, die Geborgenheit in der Gemeinschaft zu verlieren und der bisher weitgehend verleugneten Bedrohung, als Individuum in seinen persönlichen Gefühlen und Bedürfnissen mißachtet zu werden.

Diese Überlegungen zur doppelten Bedrohung in gestörten zwischenmenschlichen Beziehungen erklären, weshalb in Psychotherapien jeder Art von den Patienten und häufig auch von den Therapeuten das *Antidot in der Verabreichung des Gegenteils* gesehen wird. Wo die Angst vor der Ausstoßung im Vordergrund steht, soll der Therapeut *diese* Angst beseitigen, indem er den Beweis für die Nicht-Ausstoßung erbringt. Wo die Angst vor der Vereinnahmung im Vordergrund steht, soll er beweisen, daß *diese* Gefahr nicht droht. Immer wird das Gegenteil dessen gesucht, was Angst macht. Da aber die Angst in „grenzenlosen" Beziehungsstrukturen immer eine doppelte ist, bleibt die Suche nach dem Gegenteil im System der einander gegenüberstehenden Ängste.

Unbewußt oder auch ganz bewußt tendieren Psychotherapeuten jeder Schule mehr oder weniger dazu, diesen Gegenbeweis anzutreten. In der Psychoanalyse kann das zum Beispiel zu dem Versuch führen, dem Patienten seine „Übertragung" als damals verständliche, heute aber nicht mehr adäquate Reaktion zu interpretieren („Heute brauchen Sie doch diese Angst von damals nicht mehr zu haben."). In anderen Formen der Psychotherapie versucht man unter Umständen, die Unangemessenheit der Angst dadurch zu beweisen, daß die ängstigenden Situationen im Verhaltenstraining „überlebt" werden können. Zur Wiederholung dieser Szenen kann es auch gehören, daß man die Angst durch Bereitstellung von „Beruhigungsmitteln" im weitesten Sinn zu verbannen versucht. Oder man versucht, die Angst durch andere Formen der „Befriedigung" zu beseitigen. Die Palette der Suchtmittel in der Psychotherapie ist groß. Letztlich wird immer dann der Therapeut oder die Therapeutin zum Suchtmittel, wenn die schädigenden Szenen aus der Vergangenheit in der Therapie nur wiederholt und nicht verändert werden.

Damit wiederholt sich in der Psychotherapie aber auch eine Form der gesamtgesellschaftlichen Angstabwehr: Man bekämpft die Angst durch die Behauptung des Gegenteils: „Du bist nicht schlecht, sondern gut." Die Relevanz der Frage, ob jemand „gut" oder „schlecht" sei, also das System selbst, das die „schlechten" Menschen mit Ausstoßung bedroht und die „guten" vereinnahmt, wird auf diese Weise nicht in Frage gestellt.

Vom Patienten her gesehen ist es nur konsequent, in einer Therapie keine anderen „Gegen-Gifte" zu erwarten als er sie bisher kennen gelernt und seinen bisherigen Erfahrungen entsprechend schon immer ersehnt hat. Er kann sich nichts anderes vorstellen. Das Problem liegt bei uns Therapeuten, soweit wir aufgrund unserer eigenen Geschichte und durch die Induktion der Szenen der Patienten ebenfalls keine *neuen* Fragen und *neuen* Antworten finden können. Auf den manifesten oder latenten Vorwurf: „Du liebst mich nicht!" reagieren wir leicht auf unterschiedlichen Wegen mit dem Gegenbeweis. Bei starken Schuldgefühlen bieten wir Absolution oder doch Rechtfertigung an, bei Minderwertigkeitsgefühlen Bewunderung; bei Ängsten vor Konflikten versuchen wir – vielleicht auch versteckte – Garantien zu geben, daß „nichts passieren wird"; bei Depressionen bieten wir an, „positiv" zu denken; wenn das Gefühl vorherrscht, „falsch" zu sein, phantasieren wir zusammen mit den Patienten, daß sie durch die Therapie ja gerade „richtig" werden könnten oder sich zumindest „richtig" fühlen könnten; Menschen, die sich „falsch" fühlen (oder „falsch" verhalten), werden „umprogrammiert", wodurch das Prinzip der „Umprogrammierung" in ihrer Kindheit wiederholt wird.

Die Beziehungsszenen selbst mit der in ihnen zumeist enthaltenen Frage: „Bin ich richtig, bin ich falsch?" werden so nicht relativiert. Diese Frage wird weiterhin nach den Prinzipien der Gegenabhängigkeit beantwortet: „Wenn du mich für falsch erklärst, will ich versuchen, in deinen Augen richtig zu sein; wenn du mich für richtig erklärst, werde ich mich dagegen wehren, indem ich es entweder nicht glaube, oder dich selbst für falsch erkläre." Oder es kommt zu einer Wiederholung der idealisierenden Vereinigung zwischen Patient und Psychotherapeut: „Wir beide sind großartig, und die Welt ist schlecht." So werden die pathologischen Beziehungsstrukturen nur fortgeführt und dadurch bestätigt, unter Umständen mit der Folge einer erneuten Schädigung oder auch „nur" mit der Folge, daß sich nichts Grundsätzliches ändert.

Dabei ist allerdings zu bedenken, daß die Fortsetzung einer pathologischen Beziehungsstruktur an sich schon eine erneute Schädigung darstellt, weil auf diese Weise die bisherigen Resignationsgefühle bestätigt werden. Hier zeigt sich noch einmal, weshalb die „Technikfolgenabschätzung", also die Frage nicht nur nach der Effizienz, sondern auch nach den möglichen Schäden einer Technik zugleich die beste Wirksamkeitsforschung darstellt.

Das Prinzip der Wiederholung der destruktiven Szenen mit umgekehrten Vorzeichen geht bis zur Wiederholung des direkten sexuellen Mißbrauchs und der direkten Gewaltanwendung in der Psychotherapie. Psychodynamisch verstanden wiederholt sich beim sexuellen Mißbrauch in der Therapie der Versuch, die Patienten oder Patientinnen aus den durch frühere Mißbrauchserlebnisse bedingten Schuld- und Schamgefühlen zu befreien, indem man sie „an sich zieht" und sie so (wieder) „erhöht" – und dabei gleichzeitig (auch) sich selbst in einen Rauschzustand versetzt. Die Phantasie beider Beteiligten geht dahin, daß die damalige Demütigung des Patienten oder der Patientin als „gebrauchtes" (und mißbrauchtes) Objekt durch die Wiederholung wettgemacht wird. Die gemeinsame Phantasie von der Erlösung durch Grenzüberschreitung verdrängt – wie damals – das Bewußtsein, daß es sich bei diesem Vorgang um eine schwerwiegende Verletzung handelt.

Die Sehnsucht nach Erlösung bringt Patienten in die psychotherapeutische Behandlung. Sie ist auch an jeder anderen „Partnerwahl" wesentlich beteiligt. Gesucht wird das Antidot, das „Gegengift", das Einsamkeits- und Wertlosigkeitsgefühle, Angst und Verzweiflung besiegen kann. So stellt sich die Frage: Wie antworten wir Psychotherapeuten auf diese Sehnsucht? Bieten wir das an, was sich die Patienten vorstellen, nämlich das Gegenteil der Ausstoßung aus der Gemeinschaft, und wenn ja, unter welcher Bedingung? Oder bieten wir in zynischer Weise ganz bewußt das „gleiche Gift" an, um zum Beispiel mit Hilfe einer paradoxen Aufforderung den Patienten anzuregen, sich gegen das Gift zu wehren? Werden wir zum Ersatzpartner unseres Patienten, so wie er selbst Ersatzpartner seiner Eltern war, wenn er versuchen mußte und durfte, die Ängste und Einsamkeitsgefühle der Eltern zu vertreiben?

Die Antworten auf diese (neuen) Fragen werden bisher nur implizit gegeben, durch die Tendenz von Patienten und Psychotherapeuten, ihre jeweils persönlichen Szenen und die darin enthaltenen Erlösungsphantasien in der Psychotherapie zu wiederholen. Ich meine, daß diese und ähnliche Fragen explizit in die (vergleichende) Psychotherapieforschung eingehen sollten. So könnten wir neue Antworten auf der Suche nach den Risiken und Nebenwirkungen von Psychotherapie finden.

Ganz grundsätzlich meine ich, daß es als Alternative zur Suche nach dem Gegengift in der Psychotherapie wie in allen unseren Beziehungen nur die *Suche nach Grenzen* gibt, die Schutz, Sicherheit und Kontakt möglich machen. Solche Grenzen bieten immer für beide Seiten Schutz, nicht nur für eine Seite *gegen* die andere. Echte Lebendigkeit bei anderen Menschen können wir ebenso wenig „machen" wie wir Leben überhaupt „machen" können. Aber wir können darauf achten, daß wir das Leben nicht behindern, wo immer es sich entwickeln möchte. Es entwickelt sich überall da, wo die Bedingungen dafür vorhanden sind. Als Psychotherapeuten können wir versuchen, Lebendigkeit nicht mit Grenzüberschreitung zu verwechseln, sondern den vorhandenen Lebenswillen unserer Patienten zu erkennen und mit ihm zusammen zu arbeiten.

Also ist Psychotherapie in diesem emanzipatorischen Sinn eine Frage des *Erhaltungswissens,* wie ich es im ersten Kapitel beschrieben habe. Es geht nicht um die *Bewältigung* der Probleme von Patienten, sondern darum, die ständige Wiederholung der Zerstörung ebenso zu erkennen und aufzulösen wie die Lebensgrundlagen in Beziehungen zu *erhalten* oder, wo sie verschüttet sind, unter dem „Schutt" wieder zu entdecken. Das „Leben" in den Beziehungen entwickelt sich dann von selbst.

# 4. „Ökologische" Beziehungen

## Grenzenloses Wachstum oder Wachstum der Grenzen?

In der Überschrift dieses Kapitels habe ich den Begriff ökologisch in Anführungszeichen gesetzt, weil ich ihn im folgenden sehr weit verstehen möchte. Abgeleitet aus den griechischen Worten oikos = Wohnung und logos = Lehre, kann man aus meiner Sicht diese „Lehre von den Beziehungen der Lebewesen zu ihrer Umwelt", wie sie allgemein definiert wird, auf viele Beziehungen ausdehnen, die sonst getrennt voneinander betrachtet werden. Die rasch zunehmende Bedeutung ökologischen Denkens basiert auf der Erkenntnis, daß dort Zusammenhänge und Abhängigkeiten entdeckt werden, wo zuvor angenommen worden war, daß Phänomene oder Systeme voneinander unabhängig wären. Ich will mich deshalb hier mit zwischenmenschlichen Beziehungen in unserem gesellschaftlichen und politischen Zusammenleben ebenso beschäftigen wie mit dem Zusammenleben von uns Menschen und der uns umgebenden übrigen Natur.

Auch wenn Spezialisten der rein biologischen Ökologie diese Ausweitung für eine unzulässige Verallgemeinerung halten, besteht für mich zwischen unseren persönlichen und gesellschaftlichen Beziehungsstrukturen einerseits und den Beziehungsstrukturen, die sich in unserem Zusammenleben mit den anderen Lebewesen ausdrücken, sogar ein ursächlicher Zusammenhang, den es zu erforschen lohnt. Wie sonst sollten wir verstehen, weshalb wir trotz des inzwischen sehr weit verbreiteten Wissens über die vielfältigen ökologischen Gefahren und über die Tatsache, daß diese Gefahren weitgehend selbstgemacht sind, unser Verhalten so wenig verändern? Wie sollten wir verstehen, weshalb wir trotz unserer hoch spezialisierten Wissenschaft anscheinend „zu dumm" sind, um unser eigenes Überleben und das unserer Nachkommen auf bestmögliche Weise zu sichern? Weshalb haben wir Menschen so weitgehend die Fähigkeit verloren, für uns selbst und für andere zu sorgen? Wo bleibt das Grundbedürfnis eines jeden Menschen, sicher und zufrieden mit seinen Mitmenschen zusammenzuleben und gleichzeitig die bestmöglichen Lebensbedingungen für seine Kinder und Kindeskinder zu schaffen? Befinden wir uns vielleicht doch im Zustand einer kollektiven Suizidalität, der zielsicher und unaufhaltsam in den gemeinsamen Selbstmord führt, wie es das Prinzip mancher Sekten zu sein scheint?

Alle diese Fragen sind auch Fragen nach den *Grenzen* und damit nach den *Beziehungsstrukturen*, wie ich sie diesem Buch zugrunde gelegt habe. Vielfach wird festgestellt, daß wir die Grenzen des Erlaubten eben einhalten müßten, daß man nicht alles tun dürfe, was man tun könne. Aber diese Einsichten und moralischen Appelle helfen wenig, wenn ein relativ kleiner Teil der Menschheit oder auch der Bevölkerung in unserem Staat sich nicht durch solche Grenzen behindern lassen will, und wenn es so aussieht, als hinge der Wohlstand aller anderen über die Arbeitsplätze oder die Zuwendungen des Sozialstaates vom Erfolg der Grenzüberschreitungen dieser „Leistungsträger" ab. Es könnte also interessant sein zu verstehen, welche szenischen Phantasien diese allgemeine „Dummheit" fördern und aufrechterhalten, weshalb wir so wenig tun (können), um in unseren verschiedenen „Beziehungs-Häusern" sicher und zufrieden leben zu können. Und es könnte interessant sein zu begreifen, welche anderen Beziehungsstrukturen wir auch in der Politik bräuchten, um unsere Beziehung zur „Natur" zu verbessern.

Nach der Auflösung des Ost-West-Konflikts sehen wir uns in Westeuropa nicht mehr durch einen (atomaren) Krieg bedroht, sondern vor allem durch Sozialabbau, Arbeitslosigkeit und die zunehmende Zerstörung unserer Umwelt. Wir fühlen uns in einem Dilemma: Wollen wir unsere materielle Versorgung retten, dann, so scheint es, müssen wir die Rücksicht auf die Natur auf Zeiten verschieben, in denen es uns ökonomisch wieder besser geht. *Entweder* der Markt *oder* die Umwelt wird überleben; aber wie kann der Markt ohne Umwelt überleben? Der Staat, so scheint es, sorgt *entweder* für die Reichen *oder* für die Armen. Die einen arbeiten immer mehr, immer schneller und effektiver, die anderen haben nichts mehr zu tun, sind überflüssig und müssen über die Sozialhilfe von den Almosen der „Tüchtigen" leben. In der Landwirtschaft wird ein Teil der Flächen immer intensiver genutzt, die anderen werden stillgelegt, um den auf den intensiv genutzten Flächen produzierten Überschuß zu kompensieren.

In diesen Dilemmata drückt sich die Beziehungsphantasie „Entweder-Oder" aus. Nach der von mir dargestellten Beziehungstheorie ist diese Phantasie und die durch sie gestaltete „reale" Situation auf eine „grenzenlose" Beziehungsstruktur zurückzuführen. Das bedeutet, daß man nicht getrennt voneinander und in guter Nachbarschaft miteinander lebt, sondern daß „Überschneidungen"[1] bestehen, zunächst auf der Beziehungsebene (was die kollektiven Phantasien betrifft), dann aber auch auf der „realen" Ebene der Verteilung von Funktionen und Aufgaben, von Macht und Einfluß, Geld und Produktionsmitteln. In diesen „Überschneidungen" findet nicht ein Zusammenwirken zum bestmöglichen Zusammenleben der Menschen und der Menschen mit der übrigen Natur statt, sondern das Nullsummenspiel des Entweder-Oder: „Was du bekommst, geht mir verloren."

Manche Leserin oder mancher Leser mag jetzt denken, daß es sich hier doch um „handfeste" Gegebenheiten handelt und nicht um Phantasien. Ich verstehe die Aufgabe und die Potenz der Psychoanalyse so, daß sie immer wieder scheinbare Selbstverständlichkeiten in Frage stellt, damit man erneut darüber nachdenken kann, ob alles wirklich weiterhin so sein muß, wie es bisher war. Deshalb will ich hier versuchen, mich mit den scheinbar selbstverständlichen Strukturen unserer „ökologi-

---

[1] Zum Begriff der „Überschneidung" vgl. das erste Kapitel dieses Buches.

schen" Beziehungen zu befassen. Auch wenn unsere kollektive „Zivilisationskrankheit" schon weit fortgeschritten und sicher auch nicht mehr vollständig heilbar ist, kann es doch sinnvoll sein, sich mit der Dynamik dieser Krankheit und mit ihren schon zu „festen Größen" gewordenen Symptomen zu beschäftigen. Ich will analysierend verstehen, weshalb in unserer Gesellschaft Ökologie und Ökonomie so schwer vereinbar zu sein scheinen. Diese Analyse muß zwangsläufig über die üblichen Denkstrukturen hinausgehen, sonst bringt sie nichts Neues. Ich glaube auch, daß wir mit solchen Analysen erst sehr am Anfang neuer Denkmöglichkeiten stehen, die durch interdisziplinäre Zusammenarbeit ausgebaut und weiterentwickelt werden müssen.

Weshalb also paßt die Lehre von den Beziehungen der Lebewesen in einem Haus, die Ökologie, mit der Ökonomie, der Einteilung, Ordnung und *sparsamen* weil optimalen Verwaltung der Kräfte und Mittel (oikos = Haus, nomos = Gesetz) in diesem Haus so schlecht zusammen? Weshalb ist es in unserem ökonomischen System so, daß nur das ständige Wachstum Sicherheit und Wohlstand zu sichern scheint und nicht das Finden von Grenzen, die für jeden einzelnen und für die Gemeinschaft Schutz bedeuten könnten?

## Die Lähmung im Geschwindigkeitsrausch

Trotz der sich ständig erhöhenden Geschwindigkeit auf allen Gebieten scheint es mir so, als nähere sich unsere Zivilisation dem Stillstand.[2] Die allgemeine Lähmung als Ursache und Folge der kollektiven Orientierungslosigkeit nimmt immer stärkere Ausmaße an. „Wir sitzen alle in einem Boot und haben die Orientierung verloren. Da heißt der Befehl: Schneller rudern!" Diese bildhafte Beschreibung unseres gesellschaftlichen und politischen Zustands, die kürzlich durch die Medien ging,

---

[2] Dies ist natürlich nur *eine* Perspektive. Die gleichzeitig auch vorhandenen Ansätze zur Veränderung werde ich später beschreiben.

kommt mir sehr treffend vor. Aber welche Orientierung haben wir verloren?

Mir scheint, daß sich unser „zivilisierter" Zustand in der Beziehung zu der uns umgebenden Natur ähnlich auswirkt wie in unseren zwischenmenschlichen Beziehungen: Der Zugang zu unseren *eigenen* Gefühlen und Bedürfnissen ist weitgehend verschüttet. Wir halten vieles andere („Sachzwänge") für wichtiger als unsere primären Bedürfnisse. Im Bereich der Körpergefühle haben wir weitgehend verlernt, diese Gefühle wahrzunehmen und ernst zu nehmen, was viele, nicht nur „psychosomatische" Erkrankungen zur Folge hat. Jeder Mensch hat das primäre Bedürfnis, zufrieden und sicher mit anderen Menschen und mit den anderen Lebewesen auf dieser Erde zusammenzuleben. Dieses Bedürfnis ist aber bei vielen Menschen nur noch daran zu erkennen, daß sie sich gerne in der Natur aufhalten und Beziehungen zu Tieren pflegen. Das Bedürfnis, für die *Erhaltung* unserer eigenen Lebensgrundlagen und für die der anderen Lebewesen zu sorgen, ist für die meisten Menschen nur eine Frage von Vernunft und Einsicht. Sie *spüren* es nicht mehr, und es ist nicht mehr das wichtigste Motiv ihres Handelns.

Im Gegenteil: Die Jugendlichen haben in letzter Zeit das alte Steigerungswort „toll", das immerhin noch Bewegung, wenn auch „verrückte" Bewegung ausgedrückt hat, durch das neue Wort „cool" ersetzt. So versuchen wir zu sein oder uns darzustellen: Möglichst gefühllos und überlegen, ohne Begrenzung durch die realen Abhängigkeiten von unseren Mitmenschen und vom Zustand von Luft, Wasser und Boden. Als Ersatz für diese verleugneten natürlichen Abhängigkeiten entstehen Abhängigkeiten, die Suchtcharakter haben. Das Gesundheitswesen bricht zusammen, weil das Bedürfnis nach Zuwendung und Fürsorge Dimensionen annimmt, die die Gemeinschaft nicht mehr bezahlen kann. Ein großer Teil der dort entstehenden Kosten ist auf die Verschiebung sozialer Bedürfnisse nach Nähe, Geborgenheit und Versorgung auf professionelle „Anbieter" zurückzuführen. Nicht nur Ärzte und Psychotherapeuten, sondern viele andere „Wirtschaftszweige", die diese Zuwendung und Fürsorge in irgendeiner Form „verkaufen", profitieren von der wachsenden Nachfrage nach Ersatzbeziehungen. Andere Wirtschaftszweige leben davon, daß sie virtuelle Welten produzieren. Was uns an eigenen Gefühlen fehlt, wird uns durch entsprechende Videos und Fernsehfilme ersetzt. Wir lassen uns aufregen, um uns nicht aufregen zu müssen.

Auch die Politik wird weitgehend nur noch inszeniert. Man führt uns Gefahren vor, die es gar nicht gibt (zum Beispiel einen Handel mit Plutonium), und geriert sich dann als Retter in einer Not, die man selbst herbeigeführt hat. Zur Beseitigung anderer Nöte hat man keine Einfälle. So werden künstliche Ängste produziert und die wirklichen Gefahren übersehen. In der allgemeinen Rat- und Orientierungslosigkeit bewegen sich unsere Politiker kaum mehr selbst, und sie wagen es auch kaum mehr, etwas zu bewegen. Ich habe oft das Gefühl, als lebten wir zusammen mit unseren politischen Vertretern in einem Kartenhaus, dessen Stabilität von der leisesten (emotionalen) Bewegung bedroht ist. Was auch immer man angreift, es scheint das labile Gleichgewicht des Kartenhauses zu stören. Das Risiko, in der Politik von den eigenen Gefühlen auszugehen, wird immer größer. Stabilität ist verlangt, nicht Destabilisierung durch Überlegungen über grundsätzliche strukturelle Veränderungen. Jeder fürchtet, durch Veränderungen nur verlieren zu können, und will deshalb lieber alles so lassen, wie es ist und wie es immer war.

Auch die „Grünen", einst aufgebrochen, um den *emotionalen* Bedürfnissen nach Erhaltung unserer Lebensgrundlagen wieder ein politisches Gewicht zu geben, haben die Verbindung zu den verschiedenen Bürgerinitiativen und sozialen Bewegungen inzwischen teilweise verloren. Das bedeutet, daß auch sie, wie die anderen Parteien schon lange, allmählich dazu übergehen, vor allem Machtstrategien zu verfolgen. Wenn aber die Erhaltung und Gewinnung von politischer Macht, die diesem System entspricht, für den einzelnen und für eine Partei zum wichtigsten Ziel geworden ist, dann muß man ständig in den Spiegel der Meinungsumfragen schauen („Spieglein, Spieglein an der Wand ...").

In den Bildern meiner Beziehungstheorie besteht dann eine „Überschneidung" zwischen der „Volksmeinung" und der Meinung derer, die die Meinung des Volkes scheinbar ausführen. Beide Seiten leben in der „Orientierung am anderen".[3] Die verschiedenen pressure groups manipulieren den Staat, der wegen seiner hohen Verschuldung kaum noch eigene Bewegungsfreiheit hat. Politiker werden zu Marionetten der Wirtschaft, aber auch der nur noch in Umfragen wahrgenommenen „Volksmeinung". Diese Marionetten „spielen" auf einer Bühne, auf der sie der Bevölkerung ganz bestimmte Szenarien präsentieren. Auf diese Weise versuchen sie, einerseits die Rollen zu spielen, die der Volksmeinung entsprechen, andererseits aber auch die Volksmeinung so zu beeinflussen, wie sie sie brauchen können. Also sind sie nicht nur Marionetten, sondern auch Marionettenspieler. Wer „schlecht spielt", hat keine Chance, an der Macht zu bleiben oder an die Macht zu kommen. Es kommt nicht darauf an, was man wirklich fühlt und tut, sondern darauf, was man am besten sagt oder nicht sagt.

Am meisten *beruhigt* die Wähler die Darstellung des überlegenen Helden und Siegers, der durch nichts aus der Ruhe zu bringen ist und „cool" seinen Weg immer weitergeht. Mit ihm identifiziert man sich in der allgemeinen Verunsicherung am liebsten. Diese „konservativ" genannte Haltung „bewahrt" aber nichts mehr. Die Stagnation, die durch das „Weiter-So" in der ständigen Steigerung der Effizienz entsteht, führt dazu, daß man immer wieder zu spät auf die Gefahren und auf eine mögliche Gefahrenabwehr aufmerksam wird. Die ständig erhöhte Geschwindigkeit spiegelt eine virtuelle Bewegung vor; dadurch ist die Stagnation schwer zu erkennen. „Es wird schon trotzdem alles gut gehen" oder „Wir müssen uns am allgemeinen Fortschritt beteiligen", das sind die Botschaften, die man wider besseres Wissen von sich gibt und glaubt. Der Überbringer schlechter Botschaften wird so wenig gewollt und gehört, daß die meisten Politiker, obwohl sie die Probleme und auch die

---

[3] Zum Verständnis der Begriffe „Überschneidung" und „Orientierung am anderen" vgl. das erste Kapitel dieses Buches.

vorliegenden Lösungsvorschläge zumeist gut kennen, es nicht wagen, dieses Wissen preiszugeben oder sich gar danach zu richten. Das Kartenhaus soll stehen bleiben.

Auch Kartenhäuser aus je zwei Karten, die sich gegenseitig sta-bilisieren, sind zu sehen. Da gibt es zum Beispiel auf der einen Seite die „Apokalyptiker", die sich in der Absturzgefahr dadurch zu retten versuchen, daß sie mit der Jahrtausendwende oder bezogen auf andere Daten das Ende der Welt verkünden. Sie werden durch eine andere „Karte" gestützt, durch die Verharmloser, die ihre Angst dadurch unterdrücken, daß sie sich über den „Öko-Wahn" oder den „bazillus ökologicus" in Deutschland lustig machen. Die Vorhersagekultur blüht in einer Landschaft, die von Angst und Unsicherheit erfüllt ist. Positive wie negative Pauschalisierungen in Vorhersagen helfen übersehen, was schon eingetreten ist, und welche Potentiale an kreativen Ideen in der allgemeinen Verwirrung trotz allem vorhanden sind.

Die rapide Abnahme der männlichen Fruchtbarkeit, die Vergrößerung des Ozonlochs und der schon produzierte Atommüll als einige Beispiele, all das braucht nicht mehr prognostiziert zu werden. Es ist schon da. Es wäre eigentlich schon zu beweinen. Aber Trauer und die daraus erwachsende Kraft zur Veränderung ist nicht „in". Und die Angst, so glauben viele, sei ein schlechter Ratgeber; man solle sie nicht haben, weil sie bei rationalem Handeln störe. So beschäftigen wir uns lieber damit, wie wir unsere Traurigkeit vermeiden und unsere Angst „bewältigen". Die einen „bewältigen" ihre Angst, indem sie sie anderen einzujagen versuchen, die anderen schauen einfach weg von der Realität und lachen über die Angst der anderen. In beiden Fällen muß man dann von den eigenen Überlegenheitsphantasien leben.

Aber man kann Angst auch weganalysieren. Und hier ist auch die Psychoanalyse gefragt. Wie gehen wir Psychoanalytiker/innen mit den Ängsten unserer Patienten um? Verstehen wir sie nur als „neurotische" Probleme des einzelnen? Oder schüren wir sie in „politischem Engagement", indem wir Patienten stellvertretend für uns selbst in die politische Auseinandersetzung schicken? Psychische Erkrankungen bestehen zu einem großen Teil aus der Verschiebung von Beziehungsängsten auf Gegenstände, Situationen oder Personen, denen man ausweichen kann. Man fürchtet sich dann „lieber" davor, schmutzig zu werden oder in einem geschlossenen Raum zu sein, als in seinen Beziehungen Konflikte auszutragen. Schmutz läßt sich abwaschen, geschlossene Räume kann man vermeiden. Oder man fürchtet sich lieber vor „Fremden" als vor den Konflikten, die entstehen würden, wenn man sich mit den „Bekannten" auseinandersetzen würde.

Es ist nicht leicht, die vielen verschobenen Ängste als solche zu erkennen und nicht selbst zu solchen Verschiebungen beizutragen. Wie leicht kann es passieren, daß wir unsere eigenen Ängste für „real", die der Patienten für „falsch" erklären. Ich glaube, daß man diesem Problem nur begegnen kann, indem man selbst mit anderen Menschen im Gespräch bleibt über die gemeinsamen Ängste und über die Traurigkeit wegen der schon eingetretenen und irreversiblen Schäden in unseren „ökologischen" Beziehungen. So erwirbt man sich ein Gefühl für die Heilsamkeit des Gesprächs und für die Relativität der eigenen Ängste. Es geht nicht darum, daß Ängste „weggemacht" werden, sondern daß sie *mitgeteilt* werden können und man offen darüber sprechen kann. In einem solchen Gespräch kann man jedem Menschen *seine* Angst lassen und die eigene Angst behalten, solange sie besteht. Manche Ängste stellen sich vielleicht als verschobene Ängste heraus; dann könnte es sein, daß man die „Originalängste" wiederfindet und sich diesen Ängsten und den damit verbundenen Wünschen entsprechend verhält.

Der Geschwindigkeitsrausch, in dem wir unsere Lähmung nicht mehr erkennen können, hängt mit unserem Fortschrittsglauben zusammen. Wenn wir phantasieren, daß später auf jeden Fall alles besser sein wird, dann haben wir es natürlich eilig, daß es „später" wird. Gleichzeitig wird aber auch die Angst vor der Zukunft immer größer, weshalb wir gleichzeitig nicht mehr so recht wissen, wohin wir eigentlich wollen. Die dabei entstehende orientierungslose Kreisbewegung mit ihrer zunehmenden Geschwindigkeit ist also gleichzeitig ein Ausdruck der Angst vor der Zukunft und der Angst vor dem Zurückbleiben.

Die beiden großen Schreckgespenster, die derzeit immer häufiger in die Diskussion eingebracht werden, heißen *Globalisierung* und *Individualisierung*. Die Globalisierung der Wirtschaft dient als Argument für den „Sachzwang", nicht aus der Konkurrenz um die Weltmärkte auszusteigen und alles, auch ökologisch sinnlose oder gefährliche Dinge zu tun, nur weil die anderen, die diese Dinge „ohne falsche Hemmungen" tun, sonst die Nase vorne hätten. – Das Gegenstück ist die als Individualisierung beschriebene Gefahr, womit gemeint ist, daß jeder nur noch für sich selbst sorgt und solidarische Projekte wie Rücksicht und Hilfe für Schwache keine Chance mehr haben. Soziale Strukturen, so scheint es, können wir uns im Rennen um die weltweit neu zu verteilenden Plätze in der Rangreihe des Wohlstands kaum mehr leisten.

Diese Vision bedroht vor allem die Armen, und gleichzeitig haben diejenigen Angst vor der „Gier" der Armen, die (noch) reich sind. Zur Beseitigung dieser Ängste vor dem Zurückbleiben und vor der Entsolidarisierung entstehen zunehmend repressive Beziehungsphantasien. Soweit man keinen anderen Ausweg sieht, schließt man sich der allgemeinen Verhärtung an. Deutlich wurde in letzter Zeit ein allgemeiner „Rechtsruck", der Mitgefühl und soziales Engagement zu Randerscheinungen werden läßt. Feministische Ideen sind wieder „out", als wären sie nie gewesen. Die Friedens- und Ökologiebewegung, einst eine starke Bewegung mit vielen, vor allem emotional engagierten Menschen, ist zumindest in den bekannten Formen kaum mehr zu sehen.[4] Die Vorhersagen der „Verharmloser", die die Ängste dieser „bewegten" Menschen als Panikmache und „Hysterie" erklärt haben, scheinen sich auf zynische Weise zu bewahrheiten: „Die Autos fahren auch ohne Wald" und der

---

[4] Da das ökologische Denken sich inzwischen in breiten Bevölkerungsschichten ausgebreitet hat, sind die früheren Formen des Protests nicht mehr nötig. Nach außen scheint diese Bewegung für viele Kritiker „untergegangen" zu sein.

Atomkrieg kam doch nicht. Und: „Wozu brauchen wir Bauern, wir haben doch Supermärkte!"

Resigniert zieht man sich in die Privatheit zurück und versucht dort sein Glück zu finden.[5] Angesichts der zunehmenden Geschwindigkeit und der „objektiven" Abhängigkeit unserer Volkswirtschaft von den Exportchancen und den Standortbedingungen unseres Landes scheint die emotionale Bewegung vieler einzelner klein und überflüssig zu sein. Der „Rechtsruck" hat nicht nur rechtsradikale Jugendliche auf die Straße gebracht. Er hat uns alle erfaßt. Die Drohgebärden derer, die „schnell vorwärts" wollen, beeindrucken uns alle.

In dieser immer schneller werdenden scheinbaren Vorwärtsbewegung bleiben immer mehr Menschen „auf der Strecke", und die anderen versuchen, ihre menschlichen Gefühle möglichst wenig zu beachten. Wenn man bei denen sein will, die „vorne" sind, muß man sich voll mit der Aufgabe identifizieren, die einem jeweils gestellt wird. Die Frage „Funktioniere ich richtig?" muß dann die Frage „Was fühle ich wirklich, und was will ich deswegen tun?" verdrängen. Wir sind ganz groß im Aushalten und sehr schwach im Spüren dessen, was wir uns selbst, anderen mit uns lebenden Menschen und unseren Nachkommen antun und antun lassen.

Dieser Funktionalismus war auch eine entscheidende Bewußtseinseinstellung, die das „Dritte Reich" möglich gemacht hat, und wir Deutsche waren darin damals wohl Weltmeister. Es ist bedauerlich und bedrohlich, daß so viele Menschen in unserem Land auch heute wieder glauben, in der Gefahr auf die „altbewährten" Mechanismen und Fähigkeiten zurückgreifen zu müssen. Obwohl wir wissen, daß die Computerisierung und die weltweite Vernetzung im Internet viele Arbeitsplätze kosten und zur Isolierung der Menschen vor ihren Heimcomputern beitragen wird, glauben wir, wegen der globalen Ausweitung aller Grenzen und der damit verbundenen „totalen Konkurrenz" nicht auf diese Möglichkeiten verzichten zu können.

---

[5] Dies ist natürlich nur eine Seite der Entwicklung. Die emanzipatorischen Veränderungen beschreibe ich später.

Die Welt verändert sich, und wir müssen mit, so glauben wir.

Wir glauben zu wissen, wo wir mit höchster Effizienz und Produktivität hinkommen wollen, nämlich „an die Spitze" oder doch wenigstens nicht ans Ende des Zuges, der sich scheinbar unaufhaltbar in eine Richtung bewegt. Aber viele wollen dabei gleichzeitig nicht wissen, wo man auf diesem Weg wirklich hinkommt. Denn die weitere Zerstörung der zwischenmenschlichen Beziehungen und der natürlichen Grundlagen, so hofft man, wird einen persönlich nicht treffen. Die anderen, die anderen Länder, die anderen Firmen, die anderen Menschen, die anderen Lebewesen müssen halt „daran glauben". Die eigenen Bedrohungs- und Schuldgefühle können durch die erhöhte Geschwindigkeit und die damit verbundenen Erfolgs- und Überlegenheitsgefühle (noch) in Schach gehalten werden. Eine Folge ist die zunehmende Stagnation der rettenden Phantasien und Verhaltensweisen – jedenfalls dort, wo dieser Geschwindigkeitsrausch ersatzweise belebend und bewegend wirkt.

## Die innere Kosten-Nutzen-Rechnung des einzelnen

Nach der Beschreibung dieser kollektiven Phantasien, von denen sich viele Menschen in der Angst anstecken lassen, möchte ich mich den Entscheidungsprozessen zuwenden, die in jedem einzelnen Menschen ablaufen. Nicht selten werde ich gefragt, unter welchen Bedingungen einzelne Menschen ihr Verhalten ändern, und wie man ihnen dabei helfen könnte, aus dem allgemeinen Geschwindigkeitsrausch auszusteigen und qualitativ andere Möglichkeiten der Wirksamkeit zu finden.

Dabei stellt sich immer wieder die Frage, weshalb die Signale für die Gefahr immer wieder nicht gesehen und beachtet werden.

Ein wichtiger Grund für diese Nichtbeachtung der Gefahr und das gelähmte Verharren in ihr scheint die *innere Kosten-Nutzen-Rechnung* der einzelnen Menschen zu sein. Kein Mensch verändert etwas, wenn er sich nicht für sich persönlich einen Vorteil von der Veränderung verspricht. „Zu teuer" im direkten und im übertragenen (psychischen) Sinn erscheint alles, was in der *subjektiven* Einschätzung mehr kostet als es „bringt". Um die Frage nach den Bedingungen für Verhaltensänderungen zu beantworten, ist es also sinnvoll, sich zu überlegen, wie diese subjektiven Einschätzungen zustande kommen und wie sie sich verändern können.

Bei näherer Betrachtung unterliegt die subjektive Einschätzung von Vorteilen durchaus nicht „rationalen" Beurteilungskriterien, wie oft behauptet wird. Je nachdem, was man als „rational" bezeichnet, geht es bei dem, was wir für unseren „Vorteil" halten, grundsätzlich entweder darum, Besitz, Macht und Einfluß in möglichst unbegrenztem Maße *gegen* andere zu erweitern, oder darum, sich *mit* anderen zusammen in Sicherheit zu bringen.

Die erste Variante, sich (ersatzweise) Befriedigung und Sicherheit zu verschaffen, gleicht der Struktur einer individuellen *Sucht*, die aus der jeweiligen persönlichen Lebensgeschichte und gleichzeitig im Kontext der allgemeinen Suchtstruktur unserer Gesellschaft zu verstehen ist. Anstatt sich bei Verunsicherung darum zu bemühen, vorsorglich die Realität möglichst genau zu sehen und Gefahren wie auch mögliche Wege aus der Gefahr „wahr" zu nehmen, reagiert der „Süchtige" auf das Signal der Angst mit dem Griff nach einem Suchtmittel.

Dieses Suchtmittel dient dazu, die Gefühle von Angst, Einsamkeit und Verzweiflung zu betäuben. Gleichzeitig wird die eigene Abhängigkeit von anderen Menschen und von den natürlichen Lebensgrundlagen verleugnet. Die Folge ist, daß man mit Hilfe „handfester" Interessen und Verhaltensweisen versucht, sich selbst, andere Menschen und das Leben insgesamt „in den Griff zu bekommen". „Handfeste" Interessen gelten in diesem Bewußtsein als „rational", sie scheinen „selbstverständlich" zu sein, einem „natürlichen" Überlebensinstinkt zu entsprechen. Wenn der Mensch der „Wolf" für den Menschen und auch für die ihn umgebenden Natur ist, dann muß sich der einzelne – wenn er nicht zum Opfer der Wölfe werden will – darum bemühen, selbst zum Wolf zu werden, und vor allem den eigenen und den „Wolfs-Charakter" anderer Menschen nicht zu hinterfragen.

„Handfest" bedeutet in diesem Zusammenhang zumeist: Dagegen kann und soll man nichts unternehmen. Im Sinne meiner Beziehungstheorie findet in dieser Phantasie die „Identifikation mit den anderen" statt. Man orientiert sich an dem, was die Starken oder die Mehrheit wollen und tun. Fast automatisch scheint das dann auch „richtig" zu sein. Vor allem wenn die Gefahr besteht, in dem Feld des sich grenzenlos erweiternden Konkurrenzkampfes zurück zu bleiben, wird dieser Mechanismus der „Orientierung am anderen" immer wichtiger. Er wirkt wie eine starke Infektion und breitet sich epidemisch aus. Viele einzelne werden so „Teile des Ganzen" und dieses Ganze wird zunehmend zu einer homogenen Masse, die leicht zu „führen" ist, denn sie richtet sich auch als Masse nach dem „Führer", dessen „Teil" sie ist.[6]

Die wirklichen Gefühle des einzelnen und auch ethische Überlegungen treten in diesem Zustand einer Gesellschaft immer mehr in den Hintergrund. Wer sie dennoch äußert und sich daran zu orientieren versucht, gilt mindestens als „Idealist", aber oft auch als „Spinner" – sofern er nicht als Bedrohung der Einheit und des „Fortschritts" angesehen und deswegen verfolgt wird. Für jeden einzelnen richtet sich die innere Kosten-Nutzen-Rechnung also auch nach dem Grad der Verschmelzung in seinem Umfeld. Er entscheidet, mehr oder weniger bewußt, ob er zur Mehrheit gehören will oder zur Minderheit, zu den Starken oder zu den Schwachen, und wieweit er sich als psychisch eigenständige Person nach den eigenen Gefühlen und Wünschen richtet.

Wofür er sich entscheidet, hängt außerdem von seiner bisherigen persönlichen Geschichte ab. Hat man ihn bisher als eigene Person mit eigenen Gefühlen und Wünschen respektiert, dann hat er auch selbst Respekt vor seinen eigenen Gefühlen und wird sich nicht so leicht nach der Mehrheit oder nach den „Starken" richten. Dann hat er aber auch Respekt vor den

---

[6] Im Bild der Theorie: viele einander überschneidende Kreise.

Lebensprozessen in der uns umgebenden Natur. Die anderen Lebewesen sind für ihn nicht nur „Objekte", die es optimal zu „nutzen" gilt. Er oder sie *möchte* in einer guten Beziehung zur Umwelt und zu anderen Menschen leben. Daß diese „gute Beziehung" unter Umständen in harten Kontroversen mit der Mehrheitsmeinung besteht, ist die Folge der persönlichen Eigenständigkeit, die in diesem Feld vielleicht nur im Konflikt aufrecht erhalten werden kann.

In allen Gruppierungen gibt es immer auch Menschen, die sich nur dann sicher und überlegen fühlen, wenn sie in der Minderheit sind. Sie müssen um des Kampfes willen und um ihrer Selbstbestätigung willen kämpfen und dabei (unbewußt) darauf achten, daß die Fronten bestehen bleiben, daß sie „ihre" Feinde behalten und daß sie immer in der Minderheit bleiben, immer im Kampf gegen die Übermacht.

Natürlich können die Menschen nicht in diese drei Gruppen eingeteilt werden. Jeder Mensch hat in sich Anteile von allen diesen Entscheidungsmöglichkeiten und diese verändern sich auch bei ihm selbst je nach Situation und Lebensalter. Mir ist es wichtig, diese Entscheidungen *als subjektive Entscheidungen* kenntlich zu machen. Nur wenn sie nicht als „objektiv notwendige" Folge der Situation („Ich muß ja ..., weil die anderen...") verstanden werden, sondern als subjektiv verstehbare Entscheidungen („Ich will ..., weil ich ..."), können sie unter Umständen verändert werden. Das subjektive Gefühl der (Entscheidungs-)Freiheit und die Verantwortlichkeit für das eigene Verhalten gehören untrennbar zusammen. Das bedeutet nicht, daß immer alle Entscheidungen objektiv oder auch subjektiv möglich wären. Aber es bedeutet, daß man in psychisch getrenntem Zustand[7] *die Gründe für sein Verhalten im eigenen Erleben sieht* und deshalb auch die Freiheit hat, sich neu, entweder wieder so wie bisher oder anders als bisher, zu entscheiden.

Eine andere Beziehungsszene, in der die Entscheidungen der inneren Kosten-Nutzen-Rechnung fallen, ist die oft *latente*

---

[7] Vgl. das erste Kapitel dieses Buches.

*Suizidalität* (oder auch Depressivität) sehr vieler Menschen in unserer Gesellschaft. Sie sind nicht direkt selbstmordgefährdet, weil sie Ersatzbedürfnisse gefunden haben, deren Befriedigung es ihnen möglich macht, sich trotz dieser inneren Tendenz am Leben zu erhalten. Im Grunde aber sind sie zutiefst resigniert in bezug auf die Befriedigung ihres Bedürfnisses, ein „schönes" (sicheres und angenehmes) Leben im Kontakt mit anderen Menschen und mit der uns umgebenden Natur zu führen. Wer als Kind nicht erleben konnte, daß er für die Eltern so wichtig war, daß sie nach Kräften versuchten, für ihn zu sorgen und ihn vor Gefahren zu bewahren, der konnte *kein Gefühl für die eigene Schutzbedürftigkeit* und für die Schutzbedürftigkeit anderer Menschen oder anderer Lebewesen entwickeln.

Ersatzweise versucht er, sich im großen Auto, durch die Ansammlung von Vermögenswerten, durch Gewalt gegen andere, durch rücksichtsloses Verhalten der Umwelt gegenüber etc. zu schützen. Er kann sich nicht vorstellen, daß der beste Schutz für einen Menschen in guten sozialen Beziehungen und in einer guten Beziehung zur natürlichen Umwelt zu finden ist, ja *daß der Kontakt mit den anderen an den Grenzen befriedigend lustvoll sein kann.* Jenseits seiner psychischen Grenzen hat er bisher selten wirklich *den anderen* angetroffen. Dort war es leer, und so wurde auch er selbst innerlich leer. Es gab keine Resonanz für seine Gefühle bei anderen Menschen. Wie ich die Entstehung der „grenzenlosen" Beziehungsstruktur in diesem Buch beschrieben habe, machen unter diesen Umständen Grenzen Angst, nicht Lust. Man hat Angst vor jeder, insbesondere körperlichen Anstrengung und versucht, sie durch den Einsatz künstlicher Energie zu ersetzen. Oder man „trainiert" sich beim Extremsport und im Fitness-Center. Daß es auch körperliche Lust machen kann, zu arbeiten und dabei in vielfältige psychische und körperliche Kontakte zu kommen, ist für uns alle mehr oder weniger, für manche Menschen aber ganz besonders in Vergessenheit geraten.

Da sich für viele die Grenzen zwischen den Menschen nicht haben bilden können, suchen und finden sie mehr Vorteile für sich, wenn sie *gegen* andere Menschen und andere Lebewesen kämpfen. Der Kampf an den Ersatzgrenzen ist nötig, weil dort ständig um die Unterscheidung vom anderen und um die Akzeptanz beim anderen gerungen werden muß. Er macht auch ersatzweise „Lust", weil man so das Gefühl hat, wenigstens im Kampf sich selbst als (scheinbar) getrennte Person zu erleben. Die Beziehung zu anderen Menschen und zur „Natur" gestaltet sich dann entsprechend dieser Vorstellung: „Alles ist ein Teil von mir, ich bin ein Teil von allem, also muß ich sehen, daß ich der aktive Teil bin und die anderen Menschen wie auch die anderen Lebewesen in der Natur nur in bezug auf ihre Nutzbarkeit betrachte." Würde er diese Beziehung nicht ständig aufrecht erhalten, er wäre wieder der eigenen Verzweiflung ausgeliefert, er müßte spüren, daß ihn kaum jemand lieben und schützen konnte und kann.

Es fehlt ihm auch ein Gefühl für seine persönliche *Verantwortung in der Beziehung* zu anderen Menschen, vor allem aber in der Beziehung zu Kindern und Kindeskindern. Wie könnte man tragfähige Elterngefühle entwickeln, wenn man solche als Kind nicht selbst erlebt hat? Hat man erlebt, daß immer die anderen schuld sind, und daß man die Folgen seines Verhaltens am besten immer anderen zuschiebt, dann wird man sein Leben nach dem Sankt-Florians-Prinzip einrichten und möglichst viele Lasten anderen Menschen, anderen Völkern oder anderen Generationen zuschieben.

Dieses Verhalten trägt zwar kurzfristig dazu bei, scheinbar „erfolgreich" zu sein bei dem Versuch, nicht selbst zu leiden, sondern andere leiden zu lassen, erfolgreich auch bei dem Versuch, Schuld und Schulden immer wieder auf andere abzuwälzen. Trotzdem findet ein ständiger Kampf mit den eigenen Schuldgefühlen statt. Je gewalttätiger die „Selbstrettung" inszeniert wird, desto größer ist der Bedarf an Feindbildern, die den Mythos von der eigenen Unschuld stützen. Die Angst vor der „Rache" der Unterdrückten als unausweichliche Folge der „bösen Tat" muß ständig in Schach gehalten werden. Auch wenn diese Vorgänge weitgehend unbewußt ablaufen, auch wenn die Tat verleugnet wird, um der befürchteten Rache zu entgehen, muß entsprechend der Dynamik dieser Bewußtseinsstruktur ständig viel Energie aufgewendet werden, um das eigene Verhalten zu rechtfertigen. Auch die permanente Wiederholung desselben Verhaltens dient dazu, dessen Rechtmäßigkeit zu beweisen: Wer siegt, ist gut; der Erfolg bestätigt die Mittel; wenn ein Verhalten wiederholt wird, kann es doch nicht falsch sein, dann ist es doch „Absicht". Natürlich erscheint in diesem Bewußtsein die Anwendung des Verursacherprinzips als größte aller möglichen Bedrohungen, denn dieses Prinzip macht gerade die Bemühung der Ent-Schuldung durch Gewalt zunichte.

Auch dies ist keine Beschreibung bestimmter („böser") Menschen, sondern der Versuch, innere Entscheidungsvorgänge in unseren „ökologischen" Beziehungen zu verstehen und aufgrund eines solchen Verständnisses – das wiederum nicht Einverständnis bedeuten muß –, Möglichkeiten zu finden, wie bei dieser Dynamik eventuell ein Umdenken unterstützt werden kann.

Viele Menschen – oder mehr oder weniger jeder Mensch – haben auch eine ganz besondere *Angst vor dem Stillstand*. Das Ende der Vorwärtsbewegung scheint dem Ende des Lebens gleichzukommen. Wo in manchen ökologischen Zukunftsperspektiven *qualitative* Umstrukturierung gemeint ist, wird nur *quantitative* Beschränkung verstanden oder unterstellt und mit großer Angst erlebt. Wo Grenzen gesetzt werden, wird dies automatisch als Bedrohung von außen erlebt. Als Landwirt kann man dann nicht denken: „Ich will *meinen* Boden gesund erhalten für *mein* späteres Leben und für *meine* Kinder." Statt dessen wird erlebt: „Die Vorschriften von außen bedrohen *meine* Freiheit, mit *meinem* Boden zu machen, was *ich* will." Der „Egoismus" hat unterschiedliche Ziele, je nachdem, wo der eigene Vorteil gesehen wird und was als Stillstand angesehen wird.

Wir haben uns daran gewöhnt, uns selbst und andere nur auf quantitativen Skalen zu beurteilen. Die meisten unserer Wissenschaften beruhen auf diesem Prinzip. „Mehr" scheint in jedem Fall besser zu sein als „gleich viel" oder „weniger". Verzicht auf Zuwachs und Fortschritt bedeutet Rückschritt, solange man nicht beginnt, Veränderungen *qualitativ* zu beschreiben. So ist zum Beispiel das Bruttoinlandsprodukt, nach dem die „Gesundheit" (im Sinne der Leistungsfähigkeit) einer Gesellschaft beurteilt wird, im Gegensatz zum alternativ vorgeschlagenen Ökosozialprodukt eine vorwiegend quantitativ berechnete Größe. Beide Maße beinhalten unterschiedliche Haltungen dem Leben gegenüber, die auf unterschiedlichen Fragen beruhen: Wollen wir „mehr von allem", oder wollen wir „mehr von dem, was uns im Leben gut tut?" Um diese Entscheidungen geht es in jedem einzelnen Menschen. Durch veränderte Rahmenbedingungen (s. u.) und verständnisvolle Unterstützung könnte man versuchen, den einzelnen beim Umdenken zu helfen – wenn man auch die innere Dynamik der Entscheidungsprozesse versteht und begreift. So wurden zum Beispiel lange Zeit durch eine völlig verfehlte Landwirtschaftspolitik gerade die Entscheidungsstrukturen gefördert, die jetzt einem ökologischen Umbau der Landwirtschaft entgegenstehen.

„Mehr von allem" scheint für sehr viele Menschen erst einmal ein *Gefühl von Freiheit* zu bedeuten. Wenn sie – wie im Paradies – „alles" nehmen dürfen und können, fühlen sie sich mächtig, potent und frei. Grenzen jeder Art sind für sie nicht Schutz, sondern Bedrohung und Last. Freiheit scheint prinzipiell etwas mit Grenzüberschreitung zu tun zu haben. Eine „freie" Welt- und Landwirtschaft scheinen das Glück, zumindest der Starken auszumachen. Die Abhängigkeiten in dieser Pseudofreiheit, zum Beispiel von den Interessen der chemischen Industrie und von der Steuerung durch unsichere Subventionen, und auch die Schädlichkeit dieser Abhängigkeiten werden nicht erlebt. Wer an Grenzen stößt, ist in Gefahr, den bisherigen Weg selbstkritisch reflektieren zu müssen – und womöglich eigene Schuld zu entdecken. Da Schuld in unserer Kultur mit dem Verstoßen-Werden aus dem Paradies geahndet wird, versucht man Grenzen zu negieren und zu überschreiten, wo immer sie sich zeigen. Zugleich mit dem so definierten Fortschritt phantasiert man sich das Paradies, die totale Verfügbarkeit aller Pflanzen und Tiere ohne Arbeit; man muß dabei aber ständig in der Furcht leben, für sein Verhalten bestraft zu werden.

Mit dieser Angst vor der Begrenztheit hängt die *Angst vor dem Überholt-Werden* eng zusammen. Sie tritt zum Beispiel auf in der Angst vor dem Wettbewerbsvorteil für andere Länder bei eigenem Verzicht auf destruktive Techniken und auf die Herstellung der neuesten und „effektivsten" Waffen. Diese Angst, die oft auch wider besseres Wissen nur zu Propagandazwecken eingesetzt wird, ist grundsätzlich Ausdruck einer Selbstwertproblematik: Man wagt es nicht, *eigene* Werte zu schaffen und damit eventuell selbständig in eine Richtung zu gehen, die aus der Gefahr heraus führt, denn man kennt sich selbst nur entweder „nachlaufend" oder „vorauslaufend", wobei das „Nachlaufen" und „Hinten-Bleiben" große Angst machen und deshalb ständig um das „Vorne-Sein" gekämpft wird: „Wer zu spät kommt, den bestraft der Markt." Die *Richtung* dieses Wettlaufs wird freilich immer von den anderen bestimmt: Man bemüht sich darum, möglichst frühzeitig zu wissen, wohin die anderen Lemminge laufen, und versucht, sie zu überholen, ohne sich zu fragen, ob man selbst überhaupt in diese Richtung will.

Für die innere Kosten-Nutzen-Rechnung autoritärer Persönlichkeitsstrukturen – und diese sind (trotz aller scheinbaren „Freiheit") unter den „Fortschrittlichen" ebenso vertreten wie unter denen, die glauben, den Autoritäten nichts entgegensetzen zu können, – spielt auch die *Angst in Konflikte zu geraten,* eine wichtige Rolle. Bei der Entscheidung, ob man sich dem „Neuen", dem ökologisch sinnvollen Denken und Handeln, anschließt und damit das „Alte" in Frage stellt, spielen nicht nur „rein wirtschaftliche" Überlegungen eine Rolle. Es geht in vielen Fällen auch um den persönlichen Mut, sich mit sich selbst, mit dem eigenen bisherigen Verhalten und mit den anderen Vertretern dieses Verhaltens auseinanderzusetzen.

Jeder Mensch ist in seiner (gewordenen) Struktur mehr oder weniger mit den „Großen", den „Starken", den „Rücksichtslosen" identifiziert, auch und gerade, wenn er „stummes" Opfer dieser Rücksichtslosen war und ist. Daraus resultiert eine lebenslange mehr oder weniger stark ausgeprägte Sprachlosigkeit anderen Menschen gegenüber, die nun die Rolle der ehemaligen Täter übernommen haben und rücksichtslos ihren Gewinn verfolgen. Man hat Angst, solchen Menschen zu sagen, daß man nicht will, was sie tun. Wenn man sich selbst eine *strukturelle* Veränderung von Menschen und Beziehungen und der eigenen Beteiligung daran nicht vorstellen kann, meint man, ebenso brutal werden zu müssen wie diese Gegner, um sie „besiegen" zu können. Schon die Existenz unterschiedlicher Meinungen scheint zwangsläufig zur Folge zu haben, daß einer von beiden „wertlos" ist und auf irgendeine Weise beseitigt werden muß. Also schließt man sich lieber der „herrschenden" Meinung und dem entsprechenden Verhalten an. Man wird selbst zum „Herrscher", oder man bleibt „Untertan". Beide sind (politisch) sprachlos.[8]

Natürlich fürchtet man neben Diffamierung und Ausgrenzung auch wirtschaftliche Nachteile, wenn man sich nicht „systemkonform" verhält. Und „systemkonform" scheinen immer die Normen der „Sieger", der Rücksichtslosen und Überlegenen zu sein. Bei einer *strukturellen* Veränderung des Denkens und Handelns (s. u.) geht es auch um eine Umwertung dieser Normen. Der Wunsch nach menschlichen und menschengerechten Normen ist groß, aber die Angst vor dem Konflikt mit den Vertretern der alten Normen ist ebenfalls groß.

Bei den Überlegungen, warum es so vielen Menschen in unserer Gesellschaft schwer fällt, sich innerlich und äußerlich auf eine sich verändernde Welt umzustellen, darf man nicht übersehen, daß es auch *anthropologische Begrenzungen* gibt, die für jeden Menschen gelten. Durch die Fülle der Informationen, denen wir ausgeliefert sind, ist die sogenannte „Neue Unübersichtlichkeit" entstanden. Kein Mensch ist mehr fähig, die Komplexität unserer gefährdeten Welt zu überblicken. Die (wissenschaftlichen) Teilgebiete, in denen wir die Realität zu erfassen versuchen, haben so wenig miteinander zu tun, daß es fast aussichtslos ist, den Überblick zu behalten. Der Versuch, „alles

---

[8] Über die Sprachlosigkeit in Gewaltbeziehungen vgl. Thea Bauriedl: Wege aus der Gewalt. Herder, Freiburg 1992.

im Griff" zu behalten, ist also von vornherein zum Scheitern verurteilt. Überfordert und resigniert wenden sich viele Menschen von der Szene des allgemeinen und unvermeidbaren Schuldig-Werdens und der allgemeinen Ohnmacht ab. Wenn sie nicht „alles retten" können, wenn sie auf keine Weise unschuldig bleiben können, wollen sie mit „dieser Welt" lieber nichts zu tun haben. Man wechselt das „Programm"; die Fernbedienung beim Fernsehen läßt diesen Programmwechsel ja so einfach und folgenlos erscheinen.

Oder man relativiert die Schuld: „Die anderen tun ja das gleiche", oder: „Die anderen sind noch viel schlimmer", oder: „Öko-logische Reformen haben doch keinen Sinn, wenn sie nicht weltweit durchgeführt werden." So und ähnlich heißen die „Ausstiegsargumente" aus der unüberschaubar und unbeherrschbar gewordenen Welt.

Eine weitere Beschränkung, die jeden Menschen betrifft, besteht darin, daß wir uns von der in unserer Geschichte erworbenen natürlichen Ausstattung her kaum vorstellen können, daß auch Gefahrenquellen, die wir nicht mit unseren Sinnen erfassen können (Radioaktivität), oder die „klein" sind (einige Gramm Plutonium), „ernst" zu nehmen sind. Auch diese Einschränkung unserer menschlichen Erkenntnisfähigkeit kommt der im kollektiven Suchtcharakter unserer Gesellschaft enthaltenen Tendenz entgegen, die Gefahren von Suchtmitteln zu verharmlosen. „Es wird schon nicht so schlimm sein", so argumentieren diejenigen, die sich für „mutig" halten. Optimistisch zu sein und immer das Positive zu sehen, ist zunehmend „in" in einer Gesellschaft, die sich mehr und mehr bewußt und/oder unbewußt vom kollektiven Suizid bedroht fühlt.

## Strukturelle Veränderungen in allen Bereichen sind nötig

Wie kann nun diesen allgemeinen Suchtstrukturen in unserer Gesellschaft entgegengewirkt werden? Wie können einzelne, und vor allem: Wie können möglichst viele dazu bewegt werden, auf die Befriedigung ihrer Ersatzwünsche zu verzichten und ihre „wirklichen" Wünsche wieder zu entdecken? Wie können die kollektiv verleugnete Angst vor der Gefahr und das kollektiv verweigerte Leiden unter der Zerstörung wieder bewußt und erlebbar gemacht werden?

Ich glaube, daß wir zur Beantwortung dieser Fragen von einem *ganzheitlichen Modell der strukturellen Veränderungen von Beziehungen* ausgehen müssen. Da sich persönliche (psychische) und politische Strukturen gegenseitig bedingen, geht es gleichermaßen und gleichzeitig um die Veränderung von persönlichen *und* politischen Beziehungsstrukturen. Andere politische Ziele und Inhalte setzen im gleichen Sinn veränderte persönliche und zwischenmenschliche (politische) Beziehungen voraus. Wenn die innere und äußere Kosten-Nutzen-Rechnung möglichst vieler einzelner zugunsten eines realistischeren Bildes von Gegenwart und Zukunft ausgehen soll, dann müssen sich sowohl die subjektiv erlebten als auch die objektiv gegebenen „Vorteile" verändern. Auf Suchtmittel kann nur verzichtet werden, wenn Sicherheit und Zufriedenheit *wieder in der mitmenschlichen Gemeinschaft* gesucht und gefunden werden.

Aus diesem Grund ist eine erfolgreiche Umweltpolitik nur im Rahmen einer strukturellen Umorientierung in *allen* Politikbereichen sinnvoll. In allen Politikbereichen, insbesondere in der Wirtschaft, gibt es mafiose Strukturen, „Zusammenballungen von Macht", die dahin tendieren, wie metastasierende Krebszellen ihre Strukturen auf „angrenzende" Zellen zu übertragen und so ihre Macht auszuweiten. Die „angrenzenden" Strukturen – Personen oder Personengruppen – sind in Gefahr, sich den vorgegebenen Machtstrukturen anzugleichen und unterzuordnen, in der Phantasie dann der Vernichtung zu entgehen und im „Endkampf" zu den „Mächtigen" zu gehören, die überleben werden beziehungsweise persönlich verschont zu bleiben, wenn sie den „Mächtigen" nichts entgegensetzen. Wenn die Angst und damit der Druck groß sind, werden viele Menschen lieber zu Unterdrückern, um nicht zu den Unterdrückten zu gehören.

Um dieser Gefahr der Angleichung und Anpassung zu entgehen, braucht man nicht nur das bessere Wissen und die besseren Ideen, sondern vor allem persönliche und politische Konfliktfähigkeit. Das wird häufig übersehen. Ähnlich wie der einzelne tendiert auch die staatliche Gemeinschaft in Gefahrensituationen dazu, nicht mehr den Schwachen vor dem Starken zu schützen (darauf begründet sich die ethische Legitimation für das Gewaltmonopol des Staates), sondern statt dessen die Interessen der Mächtigen zu unterstützen – unter der mystifizierenden Behauptung, daß es den Schwachen nur gut gehen kann, wenn es erst einmal und vor allem den Starken gut geht.

Hinter dem Rücken der Bürger und unterstützt durch deren resignative Gleichgültigkeit wird die Entstehung und Befestigung von Machtstrukturen in der Wirtschaft, in der Energiepolitik, in den inneren und äußeren Beziehungen (z.B. Geheimdienste) gefördert, anstatt sie im Auftrag der Bürger zu hinterfragen. In einem hochverschuldeten Staat bleibt für die Repräsentanten der Bürgerinnen und Bürger neben der „Bedienung der Kredite" durch Zinszahlungen kaum mehr politischer Spielraum für die Gestaltung und Umgestaltung des Gemeinwesens. So werden sie zusammen mit den von ihnen Vertretenen zu Marionetten der Interessen von wirtschaftlichen Gruppierungen, die viel mehr Macht in Händen haben als die Volksvertreter. Fast alle Vorschläge für grundsätzliche strukturelle Veränderungen sind vor diesem Hintergrund „zu teuer".

Strukturelle Veränderungen solcher Zusammenballungen von Macht können nur herbeigeführt und unterstützt werden durch die Konflikt- und Politikfähigkeit möglichst vieler einzelner innerhalb und außerhalb der offiziellen Politik. Das Immunsystem des menschlichen Körpers entgleist, wenn die sich ständig bildenden Krebszellen nicht mehr als solche erkannt und zerstört werden können. So bilden sie Tochtergeschwüre, die dann schließlich zum Tod des ganzen Organismus führen. Das „Immunsystem einer Gesellschaft" ist geschädigt, wenn die Zusammenballungen der Macht entweder in ihrer Existenz oder in ihrer Gefährlichkeit nicht erkannt werden. Solche Zusammenballungen der Macht sind zum Beispiel: nicht mehr demokratisch kontrollierte Geheimdienste, Korruption zwischen Wirtschaft, Regierenden und Behörden sowie die Strukturen der organisierten Kriminalität. Das Grundprinzip ihres Funktionierens ist in jedem Fall der willkürliche Umgang mit Menschen und Ressourcen, ja mit dem Leben überhaupt, ohne Beachtung von Verantwortlichkeit und ohne demokratische Kontrolle. Sie müssen „geheim" agieren, da keine Bevölkerung von sich aus Krieg oder Umweltzerstörung will.

Bei diesem Vergleich zwischen körperlichem und gesellschaftlichem Immunsystem könnte ein sozialdarwinistisches Mißverständnis entstehen: Man könnte meinen, es gehe mir darum, „falsche" Menschen wie die vom Krebs befallenen Zellen aus der Gemeinschaft auszustoßen oder zu vernichten. Ich gehe dabei aber von einer anderen Vorstellung aus: Entsprechend den neueren Forschungsergebnissen der Immunologie stelle ich mir vor, daß in der Gesellschaft wie im menschlichen Körper „Krebszellen" oder „Krebsgeschwüre" nur durch ständige *strukturelle* Veränderungen „geheilt" werden können. Es geht dabei darum, das *Prinzip* solcher Strukturen zu erkennen und zu verändern, also die förderlichen *Bedingungen* für die Entstehung und Ausbreitung solcher Strukturen immer wieder zu bemerken und ihnen die „Unterstützung" zu entziehen. Dazu muß im gesellschaftlichen Bereich vor allem die sich immer wieder und prinzipiell bei jedem Menschen einschleichende Identifikation mit dem „Starken" als eine dieser förderlichen Bedingungen erkannt und – wo immer sie sich zeigt – in Frage gestellt werden.

Um die förderlichen Bedingungen für solche Krebsgeschwüre zu verändern, genügt es nicht, nur immer auf die „bösen anderen", die Süchtigen zu schimpfen, auch wenn sie im juristischen oder ethischen Sinn Verbrechen begehen. Es genügt auch nicht, von einer „Ökodiktatur" zu träumen, die diese „Bösen" vernichten könnte. Die entscheidende Frage ist, ob der einzelne bei sich den politischen Willen und auch den entsprechenden Mut findet oder entwickeln kann, um sich persönlich und politisch mit den „Krebszellen" auseinanderzusetzen und gleichermaßen auch mit der *eigenen* Tendenz, sich entweder stumm resignierend dem Prinzip dieser Zellen zu unterwerfen, oder selbst ähnlich starre Gewaltstrukturen zu bilden.

Manche „Konservative" können sich als Alternative zur bestehenden Herrschaftsstruktur nur eine Ökodiktatur vorstellen, die sie fürchten und vor der sie propagandistisch warnen. Das wäre aber keine echte Alternative, sondern die Fortsetzung der Gewaltstruktur mit anderen Inhalten. Die strukturelle Alternative zur Herrschaft mit gewaltsamen Mitteln besteht aber gerade darin, die demokratischen Grundrechte auszubauen und die Verantwortlichkeit der einzelnen zu fördern. Die ökologischen Ideen vieler Wissenschaftler, die die Gegenwart und die Zukunft realistisch sehen, werden nur in dem Maße zur Wirkung kommen wie sie durch den Ausbau demokratischer Strukturen im „politischen Ökosystem" unterstützt werden.

## Demokratische Beziehungsstrukturen als Voraussetzung für Veränderung

Diese Behauptung wird gestützt durch die Erkenntnis, daß wir Menschen für zentralistische Systeme nicht „gebaut" sind. Wir können Konflikte nur in kleinen überschaubaren Gruppen (etwa bis zu 12 Personen) wirklich austragen. In größeren Einheiten bilden sich leicht „Gefolgschaften" hinter einem oder mehreren Führern mit den entsprechenden Feindbildern gegen andere Gruppierungen. Und es entwickelt sich politische Resignation, die sich entweder in Gleichgültigkeit („Politikverdrossenheit") oder in politischem Fanatismus ausdrückt.

Selbst in solchen kleinen Gruppen ist es schwer genug, die unvermeidlich auftretenden Konflikte zuzulassen und sie gemeinsam und kreativ zu bewältigen. Eine prinzipiell nicht hierarchische Beziehungsstruktur in solchen Gruppen muß ständig gepflegt werden, um nicht durch Spaltungen in Vorstellungen über „richtige" und „falsche" Menschen zu zerfallen. Im Gegensatz zu zentralistisch organisierten Gruppen ist die Akzeptanz von Konflikten und ihre kreative „Nutzung" in kleinen Gruppen prinzipiell möglich. Denn jede Zentralisierung, nicht nur im wirtschaftlichen (zum Beispiel in der Energieversorgung) und im militärischen Bereich, sondern auch im psychosozial-politischen Bereich hat nahezu zwangsläufig Spaltungen (Feindbilder) und Akkumulationen von Macht(interessen) zur Folge.

Da politische und persönliche (psychische) Strukturen voneinander abhängen, bedingen sich die Qualitäten der Ökosysteme, in denen wir leben und die wir gestalten, gegenseitig. Fördern wir ein „hartes Ökosystem" in unseren politischen und persönlichen Beziehungen, dann wird sich dieses System ohne die in „weichen Ökosystemen" möglichen ständigen Korrekturen destruktiver Entwicklungen (negative Rückkopplungen) schließlich bis zur Selbstzerstörung aufschaukeln.

Aus psychoanalytischer Perspektive bedeutet das, daß die Konflikt- und Politikfähigkeit des einzelnen, die nötig ist, um „Krebszellen" (s.o.) immer wieder ausfindig zu machen und das Prinzip ihrer Zerstörungskraft durch einen kreativen Widerstand gegen das Angesteckt-Werden unschädlich zu machen, eine (politische) Umgebung braucht, in der Konflikte prinzipiell zugelassen sind und ausgetragen werden. Um die für das gemeinsame Überleben nötige Balance der Rückkopplungen zu halten, brauchen wir *viele kleine überschaubare Gruppen*, in denen auf die interne Beziehungsqualität geachtet wird. Der spontan verlaufende Vorgang der Identifikation (unbewußte Einverständniserklärung) mit dem Starken beziehungsweise mit der Gewaltszene müßte immer wieder aufgelöst werden, wodurch auch die ebenso spontan in jeder Gruppe entstehende Entsolidarisierung zwischen den Menschen immer wieder aufgelöst würde.

Die Solidarisierung mit allen anderen Menschen und Lebewesen auf unserer Erde und die „Toleranz", die ich hier beschreibe[9], hat allerdings nichts mit „Harmonie" oder „Gleich-Sein-Müssen" zu tun. Im Gegenteil, es geht um eine ganz grundsätzliche *Toleranz den eigenen inneren und den zwischenmenschlichen Konflikten gegenüber*. Dabei handelt es sich

---

[9] Vgl. Thea Bauriedl: Wege aus der Gewalt. Herder, Freiburg 1992.

um revolutionäre Räume, um Beziehungsräume, in denen Ängste weder unterdrückt noch (propagandistisch) als Druckmittel mißbraucht werden. Jeder Mensch, der die konstruktive Auseinandersetzung als einen Teil seiner persönlichen und politischen Kultur pflegen will, braucht solche psychischen „Erholungsräume", er braucht Räume, in denen man sich erst einmal grundsätzlich gegenseitig Gutwilligkeit unterstellt, und in denen man den anderen Menschen wichtig nimmt, so wie er ist und wie er sich im jeweiligen Moment fühlt. Es geht dabei nicht darum, daß hier endlich die einen Menschen das tun, was die anderen wollen, daß sie tun (Paradiesphantasie), sondern darum, daß hier Menschen sind, die gegenseitig *hören* können, wie es dem jeweils anderen geht, und die ihm und sich selbst Raum und Zeit lassen können, das für ihn subjektiv richtige Verhalten *selbst* zu finden.

Nur unter dieser Bedingung ist die Kraft und Mut erfordernde Bemühung um lebenserhaltende Strukturen zwischen den Menschen und im Umgang mit der Natur ohne allzu häufige Resignation und mit Erfolg durchzuhalten. Nur in einem solchen Klima sind Menschen prinzipiell fähig, ihre Gefühle, die sie auf Gefahren für sich und in der sie umgebenden Umwelt aufmerksam machen, *nicht* zu unterdrücken. Nur in einem solchen Klima können auch Konflikte zugelassen und ausgetragen werden, ohne in einen „Krieg" überzugehen.[10]

Mit Hilfe solcher gesunder Gruppen könnte zunehmend eine *netzartige Gesellschaftsstruktur* entstehen, die ähnlich wie ein Bienenstock aus „Waben" zusammengesetzt ist. Diese Waben sind gleichzeitig voneinander unterschieden *und* aufeinander bezogen. Jeder nimmt *seinen* Platz ein und braucht deshalb nicht den des anderen einzunehmen beziehungsweise dem anderen seinen Platz abzutreten, damit „Frieden" herrscht. Das Prinzip der „Verteilung von guten Plätzen" würde sich innerhalb und außerhalb der „Waben" fortsetzen. Innerhalb dieser

---

[10] Vgl. eine erfolgreiche Anwendung dieses Prinzips für politische Entscheidungen bei: Peter C. Dienel: Die Planungszelle. Eine Alternative zur Establishment-Demokratie. Westdeutscher Verlag, Opladen 1992.

Gruppen hätte jeder einzelne seinen „guten Platz", und außerhalb würden solche Waben die übrige politische Kultur ebenso zur „Wabenbildung" anregen, wie auch im größten Maßstab das Bewußtsein gefördert werden würde, daß der Mensch im Kontext der übrigen Natur nicht der Herrscher, sondern ein *Teil der Natur* ist, in der er lebt.

Dieses Gesellschaftsmodell wäre eine Alternative zu dem Gesellschaftsmodell, das sich derzeit weltweit wie auch in Deutschland auszubreiten droht. Die mehr oder weniger bewußt sich ausbreitende Phantasie, auf der „schon leck geschlagenen Titanic" zu leben, läßt – vor allem in Kreisen der „Neuen Rechten", aber in gewisser Weise bei fast allen Menschen – hierarchisches Denken in den Vordergrund treten. Schon existierende netzartige Strukturen lösen sich resigniert auf und formieren sich „in Reih' und Glied" hintereinander oder nebeneinander. Man rüstet sich (unbewußt?) zum Kampf. Um kämpfen zu können, müssen möglichst viele Menschen „linientreu" sein. So breiten sich auch in Deutschland wieder Vorstellungen aus, nach denen die Tüchtigen „nach oben" gehören; die Untüchtigen, die sich nicht in die allgemeine „Ordnung" einfügen lassen, „können ja zuerst untergehen", so denkt man wieder. Sie tragen sowieso nichts bei zum „Gemeinwohl".

Diese Entwicklung der kollektiven Phantasien und der politischen Strukturen hat in Deutschland schon einmal zur bisher schrecklichsten aller Vernichtungskatastrophen geführt. An der Geschichte des Nationalsozialismus und seiner Vorläufer könnten wir die sich selbst verstärkende Gewalt hierarchischer und zentralistischer Strukturen in den Individuen und in der Gesellschaft sehen. Wir könnten gelernt haben, daß eine frühzeitige Umstrukturierung des Bewußtseins und der Beziehungen nötig gewesen wäre, um diesen „Endkampf" gar nicht erst eintreten zu lassen. Aber wir unterscheiden immer noch zwischen politischen Inhalten einerseits und politischen und psychischen Strukturen andererseits. Ob es wohl noch gelingen kann, hier ein grundsätzliches Umdenken in Gang zu bringen?

Weil die politischen Inhalte, die eine Gruppierung vertreten und verwirklichen kann, von den Beziehungsstrukturen abhängen, die in ihr kultiviert werden, ist es nötig, über unser Demokratieverständnis nachzudenken. Genügt es, wenn wir Demokratie als die Herrschaft der Mehrheiten verstehen? Müssen wir nicht zumindest darüber nachdenken, wie in unserer Gesellschaft Mehrheiten zustande kommen? Und welche konstruktive Alternative könnte es geben, die die Gewalt hierarchischer und zentralistischer Strukturen immer wieder auflösen kann?

Wenn wir uns vorstellen, wie die alten Griechen die Demokratie im *kontinuierlichen Dialog* in kleinen Gruppen auf der Agora entwickelt haben, dann sind wir weit von diesem Muster der Konsensfindung entfernt. Die dort versammelten Athener Bürger redeten so lange, bis eine Lösung aus den unterschiedlichen Meinungen und Bedürfnissen gefunden war. Später führten sie die Wahlen ein; sie ließen sich von anderen vertreten. Damit brauchten die Menschen nicht mehr selbst zusammen zu kommen, sie brauchten sich nicht mehr selbst um ihre Belange zu kümmern. Diese Entwicklung hat sich in den modernen Gesellschaften geradlinig fortgesetzt, und zwar nicht nur was die demokratischen Formen betrifft, sondern vor allem, was das Bewußtsein sehr vieler Menschen betrifft. Sie haben längst resigniert in bezug auf ihr Bedürfnis, sich selbst zu vertreten. Da sie die Verantwortung für ihr Leben und für das der Gemeinschaft an „Fachleute" abgetreten haben, können sie sich in ihr privates Leben zurückziehen. Auf diese Weise treten sie aber ihren Platz, ihre „Wabe" an andere ab, die ihn gerne einnehmen und für ihre Zwecke verwenden.

Die fatale „Verklammerung" zwischen den Führern und den Geführten in dem „Marionettenspiel auf Gegenseitigkeit" in unserer Demokratie hat viel damit zu tun, daß so viele Menschen ihre „Wabe" nicht besetzen. Es fehlen zu viele Stimmen in dem allgemeinen Konzert. Und so entsteht immer wieder der Kampf der einen *gegen* die anderen. Die Machtinteressen überwiegen das Interesse, sinnvolle Lösungen zu finden, weil man diese Lösungen aufgrund der „demokratischen" Spielregeln nicht miteinander, sondern nur im Sieg der Mehrheit gegen die Minderheit durchsetzen kann.

Ich habe oft den Eindruck als wäre die strukturelle Gewalt

in unserem Demokratiesystem, aber vor allem auch in unseren Köpfen, eine der wichtigsten Ursache unserer kollektiven politischen Lähmung. In jedem von uns zerfallen die Beziehungsphantasien sofort in Freunde und Feinde, sobald sich eine konflikthafte Situation anbahnt. Insofern entsprechen unsere formalen Spielregeln unserem kollektiven Bewußtsein, ja sie kanalisieren es wohl auch in der nötigen Weise. Trotzdem sehe ich keine andere Chance für unsere gemeinsame Zukunft als die, daß sich immer mehr Menschen in *ihrer* „Wabe" wieder breit machen und diese „Wabe" als einen Schutzraum für sich selbst und ihre Außengrenzen gleichzeitig als Schutzgrenzen für die anderen Lebewesen begreifen. Da diese Entwicklung einem menschlichen Grundbedürfnis entspricht und auch an verschiedenen Stellen schon erprobt wird, habe ich immer wieder die Hoffnung, daß wir uns als Gemeinschaft in dieser Richtung verändern können.

## Beziehungsethik statt normativer Moral

Diese grundsätzlich friedliche Beziehungsstruktur ist nicht durch die Herrschaft der Moral im repressiven Sinn zu erreichen. Die Erkenntnis, daß kein Mensch sein Verhalten verändert, wenn er darin keinen Vorteil für sich selbst erkennen kann, hat in den letzten Jahren schon teilweise zu einem Umdenken in der Ökologiebewegung beigetragen. Man argumentiert jetzt weniger mit moralischen Kategorien („Askese ist schön, den Gürtel enger zu schnallen ist gut."). Statt dessen wird in der Argumentation der Wunsch jedes Menschen einbezogen, in größtmöglicher Sicherheit und Zufriedenheit zu leben und zu überleben. Dazu ist die langfristige Absicherung der Wirtschaft durch Respektierung ökologischer Bedingungen ebenso wichtig wie umgekehrt die langfristige strukturelle Verankerung des ökologisch verträglichen Verhaltens als (auch) wirtschaftlich sinnvoll und notwendig gesehen wird.

Wir haben es also schon partiell mit einem Umdenken nach durchaus utilitaristischen Prinzipien zu tun. Aus meiner Sicht fehlt allerdings noch weitgehend die Berücksichtigung der psychologischen und anthropologischen Begrenzungen der einzelnen Menschen, wie ich sie hier beschrieben habe. Soweit diese Gegebenheiten nicht berücksichtigt werden, besteht die sich ebenfalls schon abzeichnende Gefahr, daß das Einschwenken der Ökologiebewegung in das allgemeine „Vorteils-Denken" sich immer mehr dem traditionellen Prinzip der Besitzstandswahrung annähert. Dann hätten wir es aber wieder mit derselben Struktur zu tun, in der schließlich jeder gegen jeden (ums Überleben beziehungsweise um die Macht) kämpft.

Diese Gefahr hängt aus meiner Sicht damit zusammen, daß die *psychischen* Veränderungen im einzelnen Menschen und in Gruppen kaum berücksichtigt werden, die zum Beispiel fast zwangsläufig mit dem Älterwerden und mit der Übernahme von Funktionen zusammenhängen. Je älter ein Mensch wird und je mehr er in „staatstragende" Funktionen aufrückt, desto mißtrauischer wird er gegenüber Veränderungen. Wer „oben", auf „den Menschen" – wie die anderen Menschen oft von Politikern genannt werden – sitzt, hat verständlicherweise Angst, daß sich „unten" etwas bewegen könnte.

Das Vorrücken grün-alternativer Politiker/innen in Positionen, die ihnen mehr Macht und Handlungsfreiheit bescheren, ist einerseits eine wichtige Schwerpunktverschiebung, die mit der zunehmenden Akzeptanz ökologischer Forderungen in unserer Gesellschaft zusammenhängt. Andererseits besteht aber auch die Gefahr, daß diese Personen ihr Gefühl für destruktive Beziehungsstrukturen verlieren. Von den Teilen ihrer „Basis", die sich mit ihrer Machtfülle identifizieren, werden sie dann verehrt, von den anderen werden sie als „machtgierig" und „korrupt" angegriffen. So können die „tragenden Zellen" zerfallen, weil man die innerpsychischen und die gruppeninternen Vorgänge nicht beachtet, die abhängig von der Position in der Gemeinschaft und abhängig vom Lebensalter mehr oder weniger jeden Menschen betreffen.

Wir brauchen also auf sehr vielen Feldern eine neue Ethik, die einerseits attraktiv genug ist, daß wir sie *gerne* befolgen, und die andererseits ausreichend zur Sicherung des Überlebens der Menschheit beiträgt. Ich habe aus diesem Grund eine *Beziehungsethik* beschrieben[11], die auf der Verantwortungsethik von Hans Jonas[12] aufbaut: Wenn nicht mehr das „gut" ist, was „fortschrittlich" genannt wird – ohne Berücksichtigung der Richtung dieses Fortschritts –, dann können wir vielleicht das „Gute" daran erkennen, ob wir uns *wirklich* dabei wohlfühlen. Dieses Kriterium ist freilich sehr problematisch, weil das Wohlgefühl von Menschen, die sich an verschiedene Suchtmittel gewöhnt haben, sehr von dem Wohlgefühl abweicht, das aus meiner Sicht die „wirklichen" Bedürfnissen von uns allen zur Grundlage hat.

Wenn ich eine andere, in diesem Sinne weniger problematische Möglichkeit sehen könnte, wie wir zur Stärkung der „Abwehrkräfte" der Menschheit beitragen können, würde ich diese gerne vorschlagen. Wie sonst könnten wir aber erkennen, welches Verhalten die Gefahren für uns selbst und für unsere Nachkommen schädlich ist, als indem wir uns fragen, welche *Beziehung* wir zu uns selbst, zu den anderen Lebewesen auf der Erde und zu späteren Generationen haben? Wie sonst könnten wir in uns selbst einen sicheren Anlaß dafür finden, in möglichst umfassender Kooperation das Leben zu bewahren? Alle heilsamen Aktionen *können* nur von unseren primären menschlichen *Bedürfnissen* ausgehen.

Der verbietende Imperativ: „Du sollst nicht ..." könnte in dieser neuen Ethik prinzipiell abgelöst werden durch die in diesem Buch mehrfach beschriebene *Verbindung von Verantwortung und Freiheit*. Wenn man die Aufmerksamkeit auf die Qualität von Beziehungen richtet, genügt es nicht mehr, die „Freiheit" des einen dort enden zu lassen, wo die Freiheit des anderen eingeschränkt würde. An dieser nur Machtbereiche absteckenden Idee krankt der traditionelle Liberalismus heute. *Die Verantwortung für die Qualität der eigenen Beziehung zum*

---

[11] Thea Bauriedl: Die Gefahr muß zugänglich bleiben. Zur ethischen Problematik des Umgangs mit radioaktiven Abfällen aus psychoanalytischer Sicht. In: IPPNW (Hrsg.): Die Endlagerung radioaktiver Abfälle. Hirzel, Stuttgart 1995.
[12] Hans Jonas: Das Prinzip Verantwortung. Insel, Frankfurt/M. 1979.

*anderen ist die Freiheit des einen.* Man ist frei in seiner Entscheidung, wenn man diese seine Verantwortlichkeit akzeptiert. Wenn man das Bewußtsein hat, daß man verantwortlich ist, weiß man auch jeweils, *daß* man wählt, daß man sich entscheidet, und man muß das eigene Verhalten nicht mehr als zwangsläufige Folge der Handlungsweisen anderer definieren.

Die äußere Form, in der dieses Bewußtsein für die eigene Verantwortlichkeit erworben und gestärkt werden kann, und in der die *Lust* an dieser Art von Freiheit immer wieder gefunden werden kann, habe ich beschrieben („Räume der Toleranz"). Ich glaube, daß der Übergang von der normativen Ethik zu einer „prozessualen" Ethik nur in vielen gemeinsam und immer wieder erlebten Veränderungsprozessen möglich ist. Denn niemand verläßt die sicheren Pfade der Norm, der sich nicht getragen fühlt von einem grundsätzlichen Wohlwollen in seiner Umgebung. Im Prinzip sind viele „runde Tische" nötig, an denen zum Beispiel auch virtuelle Vertreter unserer Nachkommen Platz nehmen müßten, damit uns eindeutig klar wird, in welcher Art von Beziehung wir uns jeweils mit ihnen befinden, ob wir die Verantwortung für unser Verhalten und dessen Folgelasten auf unsere Kinder verschieben, oder ob wir *Lust* darin finden, unsere Elternschaft zu leben. Um die heilsame Lust unter dem Chaos der Ersatzbefriedigungen wieder zu entdecken, bleibt nichts anderes übrig, als die „Lebenswünsche" als neue und alte Orientierungshilfen wieder auszugraben – und natürlich dabei nicht zu vergessen, daß sehr viel individuelle und kollektive *Angst* in den Suchtstrukturen gebunden ist. Diese Angst taucht erst einmal wieder auf, wenn versucht wird, die Ersatzbefriedigungen durch die Suche nach Sicherheit und Zufriedenheit in der menschlichen Gemeinschaft zu ersetzen.

## Neue Werte

In der Philosophie und der Soziologie wird gegenwärtig nach der Definition neuer Werte gesucht, die nach Ansicht vieler kritischer Beobachter unserer gesellschaftlichen Entwicklung dringend nötig sind. Die allgemeine Orientierungslosigkeit und die zunehmende Gewaltbereitschaft erregen Besorgnis. Aber woher soll man neue Wert nehmen, und vor allem: Wie will man sie vermitteln? Alle großen Heilsideen und ihre Verkünder haben sich zumindest in der westlichen Welt letztlich als destruktiv herausgestellt. Das Christentum als Botschaft der Nächstenliebe konnte nicht verhindern, daß seine Vertreter sich in grausamer Weise über die Erde ausgebreitet haben. Es scheint keine Glaubenswahrheiten mehr zu geben, denen man vertrauen kann.

Soweit dieses Defizit nicht durch neue Kulte und Sekten ausgefüllt wird, versucht man denn auch, sich auf zwischenmenschliche Strukturen zu konzentrieren, die ohne den Glauben an einen „Führer" und ohne die Bedingung einer strengen Gefolgschaft auskommen. Ich bin grundsätzlich der Meinung, daß es wenig Sinn hat, sich Werte für andere Menschen auszudenken. Im Sinne des Gesprächs auf der Agora (s. o.) glaube ich, daß nur die Vermittlung von *eigenen* Werten und das *Gespräch* darüber hilfreich sein können. Es geht aus meiner Sicht mehr darum, zu *fühlen*, was einem selbst wichtig und angenehm ist, als festzustellen, was (für andere) richtig und wichtig ist oder sein soll. Meine Überlegungen und Gefühle zu diesem Thema habe ich versucht, in diesem Buch darzustellen. Ich möchte sie hier noch einmal kurz als Teil dieser Wertediskussion zusammenfassen:

Beim Übergang von Suchtstrukturen zu Beziehungsstrukturen, die das Immunsystem des einzelnen wie auch der Gemeinschaft unterstützen, können neue Werte gefunden werden. *Freiheit* muß dann nicht mehr mit der Überschreitung von Grenzen gleichgesetzt werden. Im Gegenteil, Freiheit besteht dann im Einhalten der eigenen Grenzen und im Respekt vor den Grenzen der anderen.

Das mag nun doch wieder wie eine Wiederholung der alten „liberalen" Maxime „Leben und leben lassen" klingen. Es ist allerdings anders gemeint: Die von mir gemeinte Freiheit, von der ich voraussetze, daß sie grundsätzlich jeder Mensch gerne hätte, hat nichts mit Beliebigkeit zu tun. Wer die Verantwortung für seine Beziehung zu anderen Menschen mit *Lust* übernimmt, fühlt sich dann frei und zufrieden, wenn er *aktiv* für die Verbesserung der Qualität dieser Beziehung sorgen kann. Das Einhalten der eigenen Grenzen ist deshalb nicht als Rückzug auf eine moralisch zulässige Größe zu verstehen, sondern vielmehr als ein Erfühlen der *eigenen* Wünsche nach einem guten Kontakt zu den anderen. Und unter „gutem Kontakt" verstehe ich durchaus und ganz besonders auch eine konstruktive Auseinandersetzung mit anderen, die dazu beiträgt, daß diese ebenfalls auf ihre Grenzen zurückverwiesen werden und gleichzeitig innerhalb ihrer Grenzen auch ihren Platz finden können.

Geeignete politische Rahmenbedingungen (s.u.) können für eine solche Streitkultur hilfreich sein. Sie können dabei helfen, Freiheit nicht immer wieder in der Grenzüberschreitung anderen gegenüber zu sehen, sondern es als Freiheit zu verstehen, wenn man sich mit anderen solange auseinandersetzt, bis beide Seiten zufrieden sind. Dieser Freiheitsbegriff ist also kein statischer, sondern ein prozessualer Begriff. Wie die körperliche Gesundheit kein statischer Zustand, sondern ein Prozeß ist, in dem ständig ein organisches Gleichgewicht aufrechterhalten oder wieder hergestellt wird, so kann man sich auch die psychische Gesundheit des einzelnen und die soziale Gesundheit einer Gemeinschaft als einen ständigen Prozeß der Wiederherstellung eines solchen lebendigen Gleichgewichts vorstellen. Und was wollen wir alle letztlich lieber als gesund, sicher und zufrieden unser Leben genießen? Ich halte das Streben nach Gesundheit in diesem umfassenden Sinn eines „ökologischen" Gleichgewichts für den natürlichsten „Wert", der gar nicht „neu" ist, sondern vielleicht wiederentdeckt werden kann.

Auch der Begriff *„Fortschritt"* würde in dieser Perspektive seine Bedeutung verändern. Er würde nicht mehr bedeuten, daß später sowieso alles besser ist als früher. Statt dessen würde das Fortschreiten in einem ständigen Prozeß (lat.: procedere) der Gesunderhaltung der Beziehungen zwischen den Menschen (Psychoökologie) und zwischen den Menschen und der Natur (Ökologie im traditionellen Sinn) beinhalten. Auf diesem Weg kann und muß man niemals „ankommen", aber man kann sich darüber freuen, daß man lebenslang „unterwegs" ist. Wenn sich die Vorstellung verbreitet, daß Leben in einer ständigen Umstrukturierung von Beziehungen besteht, wird man sich davor auch nicht mehr so sehr fürchten. Eine allgemeine Diskussion über die neuen Strukturen und über die Art der Übergänge in diese Strukturen wäre dann Aufgabe einer umfassenden, ganzheitlichen Politik.

## Politische Rahmenbedingungen

In meinen bisherigen Ausführungen habe ich immer wieder darauf hingewiesen, daß politische und persönliche (psychische) Strukturen einander bedingen. Der Streit, ob das Bewußtsein das Sein bestimmt oder umgekehrt, kann damit zu den Akten der Geschichte gelegt werden. Statt dessen geht es jetzt um die Erforschung der Analogien und Zusammenhänge zwischen politischen und persönlichen Strukturen. Zum Beispiel setzen strukturelle Veränderungen in der Wirtschaftspolitik strukturelle Veränderungen im kollektiven Bewußtsein voraus. Und umgekehrt: Veränderte Strukturen in der Politik regen ein anderes Denken an und fördern neue, kreative Lösungen alter Probleme.

Einige solcher neuen Ideen haben sich in letzter Zeit für eine ökologisch orientierte Wirtschaftspolitik entwickelt, so zum Beispiel die Idee, nicht mehr Autos zu bestellen und zu liefern, sondern statt dessen Mobilität anzubieten, nicht mehr Heizmaterial zu liefern, sondern Wärme in einem Haus, die durch entsprechende politische Rahmenbedingungen dann am preisgünstigsten ist, wenn möglichst wenig Ressourcen verbraucht und möglichst geringe Umweltschäden verursacht werden. Über Ökosteuern soll die Primärenergie teurer, die menschliche Arbeitskraft aber billiger werden, was dem Einsatz von immer mehr Fremdenergie und Technik zu Ungunsten der Arbeitsplätze genau entgegenwirken würde. Politische Rahmenbedingungen, die dieses neue Denken fördern, müssen von einem vernetzten Denken und Handeln ausgehen.

Wenn Denken und Verhalten der einzelnen davon abhängen, wo ein Vorteil für die eigene Person entdeckt werden kann, dann sind *eindeutige, klar vorhersehbare* Rahmenbedingungen in der Politik nötig, auf die man sich einstellen kann – und auf die man sich auch zum eigenen Nutzen frühzeitig einstellen wird, wenn ebenso eindeutig klar ist, daß niemand Ausnahmegenehmigungen für ein umweltschädliches Verhalten wird erreichen können.

Eindeutigkeit muß nicht Ökodiktatur bedeuten. Viel eher sind Uneindeutigkeit, Willkür, Vetternwirtschaft und Korruption Kennzeichen diktatorischer Regierungsformen. Strenge Gesetze, die auf politischen Vereinbarungen einer demokratisch strukturierten Gesellschaft beruhen, sind Ausdruck des gemeinsamen Überlebenswillens. Eindeutigkeit kann Fürsorglichkeit bedeuten, Fürsorge für die Erhaltung der Lebensgrundlagen, aber auch für die Menschen, die sich frühzeitig auf die Richtung einstellen wollen, in die die künftige Entwicklung gehen soll. Ein eindeutiges Wissen über diese Richtung löst die Resignation, macht das Leben und die eigenen Planungen übersichtlich und beflügelt den Veränderungswillen. Wenn klar ist, unter welchen Bedingungen in Zukunft Vorteile zu erreichen sein werden, wird es leichter, sich auch für grundsätzliche Umstrukturierungen zu entscheiden.

Neben dieser Art von Eindeutigkeit ist wohl auch ein zweites politisches Prinzip hilfreich beim Umdenken und veränderten Handeln: die strikte Einführung und Befolgung des *Verursacherprinzips*. Auch dieses Prinzip entspricht prinzipiell einem menschlichen Grundbedürfnis, nämlich dem Bedürfnis nach Gerechtigkeit. Auch wenn es unangenehm ist, dieses Prinzip gegen die eigene Person angewandt zu sehen, so entspricht es doch einem allgemeinen Rechtsempfinden, daß derjenige die Folgen zu tragen hat, der einen Schaden anrichtet.

Und es relativiert die resignative Phantasie, daß die Ökonomie gegenüber der Ökologie sowieso immer Vorrang haben muß. Das Gewinnstreben einzelner Arbeitgeber und die Abhängigkeit der Arbeitnehmer von diesem Gewinnstreben scheinen selbstverständlich zu sein. Wenn jemand Geld verdienen will, darf man ihn dabei nicht hindern, so phantasieren wir schnell. Aber wenn durch die entsprechenden Rahmenbedingungen und das in ihnen enthaltene Verursacherprinzip deutlich wird, *was* hier getan wird und daß jeder die Folgen dessen zu tragen hat, was er tut, dann wird diese automatische Identifikation mit dem „Starken" auch abnehmen. Er ist dann nicht mehr nur der Sieger im Wettbewerb, sondern auch der Täter in der Umweltzerstörung und muß dafür bezahlen.

Ein Charakteristikum der Suchtstruktur unserer Gesellschaft besteht darin, daß die Folgen von Zerstörung nicht wahrgenommen werden, vor allem nicht von denen, die sie verursachen – teilweise auch dann nicht, wenn die eigene Gesundheit zerstört wird. Soweit das Bedürfnis, sich selbst, seine Mitwelt und seine Nachkommen zu schützen, verdrängt ist, werden die Folgen des eigenen destruktiven Verhaltens immer wieder räumlich und zeitlich anderen Menschen zugeschoben. Und auch viele Opfer dieses Verhaltens wagen es nicht zu spüren, daß ihnen ein Schaden zugefügt wird, denn sie halten die Zerstörung der einen durch die anderen für „ganz normal".

Hier könnte die Einführung des Verursacherprinzips auf allen Ebenen auch das Bewußtsein von Tätern und Opfern verändern. Im Rahmen einer konsequenten Verantwortungs- oder Beziehungsethik müßten zum Beispiel alle Verursacher und Nutznießer der Atomenergie im Maß ihres „Nutzens" auch alle Folgekosten tragen, nicht unsere Nachkommen, die sich gegen die auf sie zukommende Last nicht wehren können. Wenn diese Kosten schon heute zu tragen wären, und wenn der Staat, also wir alle, diese Form der Energiegewinnung nicht ständig hoch subventionieren würden, dann würde die Unwirtschaftlichkeit der Gewinnung von Energie aus Kernspaltungsprozessen sofort wirksam. Wir müßten und könnten uns dann auf die schon vorliegenden Pläne für einen Ausstieg aus der Atomenergie ernsthaft einlassen, denn *dort* läge eindeutig unser Vorteil. Dasselbe gilt zum Beispiel für die „Agrarindustrie", für die chemische Industrie und für den Autoverkehr. Überall sind bis jetzt die Rahmenbedingungen so, daß die Zerstörung unserer Lebensbedingungen subventioniert wird und nicht deren Erhaltung.

Politische Rahmenbedingungen müßten sich prinzipiell am *menschlichen Maß* ausrichten.[13] Das bedeutet, daß man von allen technischen Einrichtungen verlangen muß, daß sie fehlerfreundlich sind; denn der normale Mensch macht Fehler. Wenn die Folgen technischer Neuerungen nicht wirklich abschätzbar sind, muß der schlimmste Fall angenommen werden; denn irreversible Zerstörungen sind nicht zu verantworten. Dem menschlichen Maß entspricht nur ein Leben in überschaubaren Größenordnungen und Einheiten, was die Produktion, die Mobilität und die politische Mitentscheidung betrifft. Die Ängste der Bevölkerung müssen ernst genommen werden; sonst geht der letzte Rest an Vertrauen in die repräsentative Demokratie verloren.

Die politischen Rahmenbedingungen für unser Leben geben entweder den Lebenswillen der Bevölkerung wieder, oder sie repräsentieren die suizidale Resignation und die fatalistische Unterordnung unter scheinbare Sachzwänge, die doch selbstproduziert sind. Es ist die Verantwortung derer, die diese Rahmenbedingungen setzen, und derer, die diese Repräsentanten wählen, ob wirklich alles getan wird, um sowohl das Bewußtsein als auch das Verhalten in unserer Gesellschaft in eine Richtung zu lenken, die weniger Zerstörung und Selbstzerstörung bedeutet.

Natürlich geht die Umstrukturierung nicht ohne Verlierer ab. Verlieren müssen die Stellen, an denen sich in zerstörerischer Weise Macht(interessen) zusammengeballt haben. Das muß aber nicht unbedingt bestimmte Menschen treffen. Da es um die Auflösung von „Krebszellen" in der Gemeinschaft geht, sind nur die *strukturellen Prinzipien* betroffen. Wie in jeder anderen sinnvollen Suchttherapie müssen frühzeitig und eindeutig Ausstiegshilfen angeboten werden, allerdings auch mit der Konseqenz, daß die Gemeinschaft die Weiterführung des destruktiven Verhaltens nicht dulden wird, wenn die Hilfen nicht angenommen werden.

---

[13] Vgl. E.F. Schumacher: Die Rückkehr zum menschlichen Maß. Alternativen für Wirtschaft und Technik. Rowohlt, Reinbek 1977.

Ein „Schlagwort", das in letzter Zeit oft angestrebte Freiheit simuliert, ist die *Deregulierung*. Weil man nicht mehr weiß, wie man die schlimmen Folgen des eigenen Tuns oder Nicht-Tuns abwenden soll, verzichtet man immer mehr auf die Gestaltung der Politik und verkauft das als Liberalisierung. Das ist ein Rückzug aus der Verantwortung, der leider von vielen Menschen nicht als solcher gesehen wird, scheint ihnen doch das Überschreiten von Grenzen und die Übernahme der „Verantwortung" durch einzelne Menschen prinzipiell etwas Gutes zu sein. Normative Grenzen sind Vereinbarungen, die geändert werden können und geändert werden müssen, sobald sie nicht mehr zur Erhaltung des Lebens dienen. Sie aber nur fallen zu lassen, um der Verantwortung zu entgehen, ist ein schwerer politischer Fehler, der den Mangel an politischer Gestaltungskraft deutlich werden läßt.

Ist es nun für solche strukturellen Veränderungen schon zu spät? Diese Frage wird oft deshalb mit ja beantwortet, weil man dann glaubt, nichts mehr ändern zu müssen. Wenn schon alles zu spät ist, dann ist ja – leider und Gott sei Dank – sowieso schon nichts mehr zu retten. Andere verneinen diese Frage deshalb, weil sie hoffen und behaupten, daß es *nie* zu spät sein wird. Dann brauchen auch sie nicht *jetzt* etwas zu verändern, sondern später – oder überhaupt nicht. Natürlich ist es schon sehr spät, viele Lebensmöglichkeiten auf dieser Erde sind schon unwiederbringlich vernichtet. Auch die Gewöhnung an die verschiedenen Suchtmittel und die psychischen und ökonomischen Abhängigkeiten sind sehr stark. Dagegen scheinen die Überlebenswünsche der Menschen verhältnismäßig schwach zu sein. Aber wollen wir wirklich nur noch das Ende erwarten? Haben wir uns wirklich schon damit abgefunden, daß es sowieso kommt, und daß wir nur noch versuchen können, unser persönliches Überleben *gegen* andere zu sichern? Hat sich die Phantasie schon unaufhaltsam ausgebreitet, daß nur diejenigen überleben werden, die sich das (vorläufige) Überleben finanziell leisten können?

Manchmal sieht es so aus als würde der politische Wille zum Überleben nicht ausreichen, weil die aktuelle politische

Macht allen, die davon profitieren, wichtiger ist als ein Denken in langfristigen Umstrukturierungsprozessen, die im Moment unpopulär erscheinen. Wenn man freilich nicht mehr davon ausgeht, daß unter der Schicht der Ersatzbedürfnisse prinzipiell bei allen Menschen die wirklichen Bedürfnisse liegen und zumindest bei manchen wieder geweckt werden können, dann wird man resignieren und nur noch die gewaltsame „Lösung" der Überlebensprobleme suchen.

Angesichts der Gefährlichkeit der Waffen und Substanzen, die wir inzwischen auf der Erde angesammelt haben, angesichts der weit fortgeschrittenen Gefährdung der Lebensräume auf der Erde und angesichts der zunehmenden Zahl von Sekten, von fundamentalistischen und kriminellen Strukturen haben wir aus meiner Sicht aber gar keine andere Chance, als wenigstens den Versuch zu unternehmen, uns um die Umstrukturierung des Denkens und Handelns im hier beschriebenen Sinn zu bemühen. Denn die Gefahren, die wir bei realistischer Betrachtung der Welt sehen, können ganz sicher nicht durch Gewalt beherrscht werden.